동의하지 않습니다

Don't Agree

←——————→

동의하지 않습니다

마이클 브라운 지음 | 윤동준 옮김

알파미디어

싸우지 않고 의견 차를 좁힐 수 있을까?

당신은 알고 있는가. 우리가 여덟 살이 채 되기 전에 이미 89,000번 이상 치열하게 다툰다는 사실을 말이다. 열여섯 살이 되면 대개 더 넓어진 사회관계 속에서 의견 불일치 상태를 수천 시간 넘게 겪는다.

어쩌면 우리 유전자 속에 '다툼'이 들어 있는지도 모르겠다. 그리고 우리 중 누군가는 거기에 정말 뛰어난 재능이 있을지도.

이토록 숱하게 의견이 충돌해 다투지만, 해결책을 찾아가는 과정은 그리 자연스럽게 이뤄지지 않는다. 모든 개인 간 다툼의 90 퍼센트가량은 절대 합의점을 찾지 못한다. 세상에 폭력이 넘쳐나는 것이 그리 놀랍지 않은 이유다.

의견이 충돌할 때 치열한 다툼이 벌어지는 문제가 좀체 사라지지 않는 까닭은 무엇일까? 다툼을 해결하려고 시도할 때 오히려 분위기가 더 험악해질 때가 많다는 사실이 밝혀졌다. 연구에 따르면 논쟁에 휩싸인 사람들은 전형적으로 자신의 동기만 진실이라고 가정하고, 교착 상태에 빠진 것을 상대방 탓이라고 비난한다. 이를 '귀인 오류'(다른 사람의 행동은 그 사람의 인성적 요소로 평가하면서 자신의 행동은 상황적 맥락에서 비롯한다고 여기는 편향-옮긴이)라고 부른다. 어떤 문제가 발생했을 때 사람들은 자신의 탓을 최소화하려는 경향이 있는데, 이런 현상을 일컫는 용어다.

철강 수출 관세를 두고 다투는 세계 각국의 리더를 보면 하리보 과자 봉지에 남은 마지막 달걀프라이 모양의 조각을 서로 차지하려고 싸우는 아이들처럼 하찮은 문제에 매달려 서로 다툰다.

그 원인을 따져보면 상대방 입장에서 사정을 살피지 못하기 때문이다. 상대방 관점에서 문제를 바라볼 수 있다면 협상 테이블에서 다른 대안이 떠오를 가능성이 커진다. 그리하여 서로 의미 있는 합의에 도달할 수 있다.

'합의'가 그렇게 부정적인 의미를 내포하는 단어가 아닌데도 사업계나 정치계에는 중재안을 받아들일 준비가 된 자를 나약하게 보는 이들이 많다. 심지어 야망이나 목표 의식, 비전이 없다고 조롱하기도 한다.

비타협적이고 태도가 거친 이들이 칭송받긴 하지만 이는 오직 승리할 때만이 유효하다. 스스로에게 물어보자. 중요한 이익이 걸린 협상 자리에서 제일 유능한 누군가를 임명해야 한다면 어떤 자질을 가장 눈여겨볼 것인가? 비타협적이고 쉽게 물러서지 않는 후보를 고를 가능성이 크지만 그 결과에 실망하기 쉽다.

산업계에서 '화해 협정'이라고 부르는 이슈와 관련하여 문제가 되는 점은 이해관계가 얽힌 모든 당사자가 각자의 최종 입장에서 완전히 만족할 수는 없다는 점이다. '승자 독식'이라는 전통적인 이분법적 주장과 비교해보자. 한쪽은 결과에 환호성을 지르는 데 반해 다른 쪽은 절망의 구렁텅이에 남겨진다.

정말로 다른 선택 방안은 없었을까?

만약 "나는 거기에 동의하지 않아"라고 확고하게 말하면서도 진정한 합의에 도달하는 방법이 실제로 있다면? 그리고 분쟁이 발생했을 때 이러한 접근법이 반대편도 '윈윈'할 수 있는 길을 제공한다면 어떨까?

평등부터 환경 문제까지, 임금 인상에서 승진 문제까지, 성 정체성부터 지정학적 문제까지, 어떤 논쟁이나 협상이든지 간에 서로의 차이를 인식하면서도 문제를 해결하는 도구상자를 상상해보자.

이것이 이 책을 통해 내가 이루고 싶은 바람이다. 4천여 명으로 이루어진 조직의 창업자이자 경영진으로 오랜 기간 재직하면서 나는 모두에게 비전을 고취하는 일이 얼마나 힘든지 알게 됐다. 그런 일이 이루어지려면 엄청난 협력이 필요한 반면, 방해 요소는 넘쳐 난다. 우리가 평소 다툴 때 보이는 양상만 있는 것이 아니다. 화합을 막는 장애물에는 우리의 유전자, 생물학, 다원주의, (아마도 논쟁이 따르겠지만) 남녀 차이, 감정(특히 자존심), 출생지, 형제자매 수, 가치관, 교육 시스템, 이데올로기, 심지어 웃는 성향도 포함된다.

수많은 장애물이 있지만 나는 화합을 이룰 수 있다고 확신한다. 당신의 조직을 도와 이를 증명해낼 것이다. 이 책을 덮을 때쯤이면 당신이 속한 조직 문화에 대한 생각이 이전과 달라질 것이다. 또한 인간 조직의 내부 문화를 개선하려고 시도하는 이는 누구든지 돕고 싶다. 사회단체나 공동체, 가족, 파트너 등 모든 관계를 포함한다.

문제 있는 조직 문화가 세상을 망친다. 그렇다면 그런 문화를 누가 책임져야 할까? 맞다. 바로 우리다. 조직 내부의 사람들이다. 우리는 조직 문화의 문제를 해결할 것이다. 당신이 함께한다면 화합하는 조직 문화로 바꿔나갈 수 있다.

<**목차**>

제 생각은 다른데요

"제 생각은 다른데요."

이 짧은 세 마디는 곳곳에서 골칫거리의 원인이 된다. 이 세 마디를 처음으로 조합해낸 말 재주꾼은 누구였을까? 입술을 움직여 가만히 말해보자. 아무리 부드럽게 말해도 이 세 마디는 대화 자리에 폭탄을 던져 넣는다.

우리는 집단적으로 합의하는 데 서투르다.

어떤 가치를 소중히 여기고, 어떤 가치를 거부해야 하는지에 대해 쉽사리 동의하지 못한다. 이는 어떤 이데올로기를 목숨 걸고 지켜야 하는지, 아니면 타인에게 강요해야 하는지에 관한 문제다. 어떤 종교가 올바른지 혹은 그른지 우리는 동의할 수 없다. 창조론과 진화론, 그 사이에 존재하는 어떤 중간 지대에도 우리는 도달할 수 없다. 누구의 진실이 거짓인지 알 수 없다. 사회주의가 자본주의보다 정의로운지 아닌지, 그 안의 삶이 공평한지 잔혹한지를 입에 올리지도 마라. 우리는 지구 온난화가 실제 일어나는 일인지 아닌지, 어느 쪽의 기득권을 지켜야 하고 거부해야 하는지에도 동의할 수 없다. 놀랍게도 기후 논쟁과 관련해 양쪽 모두가 과학적 근거를 가지고 있다. 지구 온난화는 존재한다고도, 존재하지 않는다고도 말할 수 있다. 심지어 레드 와인과 화이트 와인, 럭비와 축구 중 어떤 것이 더 나은지에 대해서도 의견은 제각각이다.

이보다 더 심각한 문제는 무언가 조치가 필요하다는 데 동의가 이뤄진 다음에도 무엇이 가장 좋은 방법인지를 두고 의견 일치를 보지 못한다. 이를 생생하게 보여주는 예가 바로 '브렉시트Brexit'다.

마치 우리가 유전적으로 그 어떤 것에도 동의하지 못하는 성향을 타고난 것처럼 보인다.

인류는 진화라는 궤도에 올라 먼 길을 왔지만, 백미러로 자세히 돌이켜본다면 수많은 시체가 나뒹구는 모습이 보일 것이다. 사실 그중 상당수는 오랜 세월에도 아직 숨이 끊어지지 않았다. 인류는 역사 속에서 하나의 세계관을 가진 집단이 다른 생각을 하는 집단의 사고방식을 바꾸기 위해 폭력을 휘두르는 행태를 끊임없이 반복해왔다. 이런 식으론 실제 그 누구의 생각도 바꿀 수 없다. 비도덕적일 뿐만 아니라 대단히 비효율적이다. 억압받는 자들은 지하에 숨어들어 끓어오르는 분노 속에 피바람 부는 복수를 손꼽아 기다릴 뿐이다.

앞으로도 이런 식으로 살 수는 없다.

유엔(UN)은 2050년 세계 인구수가 100억 명에 이를 것이라고 추정한다. 인구가 그렇게 불어나면 분명 토지와 에너지, 식량 부족으로 치열한 생존 경쟁이 연쇄적으로 일어날 것이다. 부의 격차는 갈수록 커지고, 심각한 기후 변화는 가난한 사람들의 삶부터 위협할 것이다. 인류는 성별로 나뉘어 파벌을 조성할 위험이 있고, 누가 미국을 지배하느냐와 관련된 분쟁은 세계에서 가장 큰 경제 체제를 계속해서 양극화시킬 것이다. 그리고 지정학적 무력 충돌의 사례는 하나하나 셀 수 없을 정도로 많다.

미래를 비관적으로 보는 사람들은 인류가 멸망의 벼랑 끝에 서 있다고 생각할지도 모른다. 더 걱정스러운 점은 그 절벽 가장자리에서 물러나라고 조언할 사람이 우리 자신밖에 없다는 사실이다.

과학과 기술의 발전으로 혹시나 달에서 인류가 먹을 식량을 재배하는 것과 같은 기발한 해결책을 만들어내서 자원 부족 문제를 해결할지는 지켜볼 일이다. 하얀 실험 가운을 입은 똑똑한 사람들이 식량 부족에 대한 해답을 달 모양의 배양 접시 위에 내놓든지 말든지, 당분간 세계 인구가 줄어들 기미는 보이지 않는다.

이는 우리가 훨씬 더 가까워진다는 것을 의미한다. 출근길의 붐비는 지하철에 서 있는 것처럼 가까이 붙어서 서로의 숨결이 느껴질 정도로 살아가게 된다는 얘기다. 이렇게 서로 가까워지면 우리는 한정된 자원을 놓고 경쟁할 뿐만 아니라 더 선명하게 드러난 각자의 생각, 믿음, 이데올로기 들을 주장하기 위해 전 세계로 연결된 미디어망을 통해 더 많은 방송시간을 차지하려고 싸울 것이다.

지금 시대는 고개를 돌려 어디를 바라보든 목청 높은 어떤 인플루언서가 당신의 세계관이 어떻게 잘못됐는지를 왕왕거리며 떠드는 꼴이다. 이는 갈등을 부추길 뿐만 아니라 사회 분위기를 떨어뜨린다. 거시적인 문제는 자칭 시민 기자들에 의해 지나치게 단순화된다. 모든 걱정의 원인으로 특정인이나 특정 집단을 지목하기 위해 의도적으로 사회를 양극단으로 몰아간다. 소셜미디어의 이런 움직임이 우리의 일상 구조를 조금씩 바꿔놓고 있다. 이는 어두운 흔적을 남긴다. 가장 황홀한 색조의 안경을 착용한 사람들조차도 그저 아무 생각 없이 인터넷의 가벼움을 즐길 뿐이지, 상대방의 의견을 전혀 인정하지 않으려는 독선에 빠져 다양한 관점을 수용하거나 더 넓은 시야를 가지려 하지 않는다.

인류가 하나의 종種으로서 생존을 보장받으려면 좀 더 협력해야 한다. 성별, 성적 취향, 신념, 이데올로기, 인종, 공동체, 국적, 가족, 경제적 이익 등과 관련된 관계를 발전시켜야 한다. 그리고 우리가 맞닥뜨릴 다른 모든 상황에서도 심각한 피해가 발생하지 않도록 잘 대처해야 한다.

역사는 보통 우월한 군사력을 가진 정복자의 관점에서 기록된다는 점을 고려할 때(다른 모든 것은 그저 전쟁 사이의 시간을 채우기 위해 부수적으로 기록된다) 가치 있는 단 하나의 질문은 '그렇다면 어떻게 서로 간에 더 많은 조화를 이뤄낼 수 있는가?'이다.

바로 이 책에서 그 답을 찾을 수 있을 것이다.

심각한 의견 충돌이 남긴 3가지 교훈

의견 충돌이 사업과 인생에 얼마나 나쁜 영향을 미치는지 경험한 적이 있다. 그 당시 서로 의견이 맞지 않아 분쟁이 벌어졌는데 어떻게 헤쳐 나가야 할지 알 수 없었다.

거의 10년간 대표이사로서 경영했던 사업에서 동료 이사들과 사이가 크게 틀어졌다. 기업 운영의 방향을 놓고 이사회에서 작은 논쟁이 생겼는데 그러다 권력다툼으로 번졌고, 18개월 동안 고조된 감정은 사무실에서 공개적으로 격렬한 불꽃놀이가 되어 터져 나왔다. 매표소를 만들어 맨 앞좌석을 비싼 값에 팔았다면 아마 흥행에 성공했을 것이다.

사태를 진정시킬 방법이 없었다. 그 갈등으로 인한 여파는 내 가족의 안전을 위협했고, 내가 꾸린 무척 능력 있는 팀이 와해됐으며, 모든 사업 파트너들이 상당한 소송비를 지불해야 했다. 또 온갖 노력을 기울여 키운 회사가 한 줌의 잿더미가 되어버렸다.

그때 다르게 대처할 수는 없었을까?

분명 그럴 수도 있었을 것이다.

하지만 도대체 어떻게…, 그 방법을 아는 것은 또 다른 문제다. 그 일이 일어난 후 곰곰이 생각해보니 여러 질문 가운데 하나가 반복해서 나를 괴롭혔다. '동료 이사들이 적어도 내 주장만큼 타당한 근거가 있었는가?' 이 문제에 관해 내 생각을 정리하기까지 시간이 오래 걸렸다. 이제야 뒤늦게나마 그들도 아마 확신이 있었을 것이라고 인정하게 됐다.

사실, 나는 정말 바보다. 그 뒤로도 같은 실수를 반복했다. 그런 모든 일을 겪은 지금조차도 내 안에 자리한 '귀인 오류'를 이겨내고 상대방의 입장을 어느 정도 긍정하는 것이 쉽지는 않다.

이 일을 겪으며 얻은 가장 중요한 교훈은 다음과 같다.

1. 의견 불일치는 좋은 방향이든 아니든 거대한 경제적·정치적·사회적 변화를 불러일으킨다. 어떤 결과가 좋고 나쁜지는 각자의 입장에 따라 주관적이다. 내게 긍정은 상대방에게 부정이고, 마찬가지로 그 역도 성립한다.

2. 거대한 지정학적·경제적 세계는 쉽게 흔들리지 않는다고 생각하지만, 만약 정말 문제가 발생했다고 대부분의 사람이 인식하는 때가 오면 통제 불능 상황으로 치달을 때까지 긴장 상황이 고조되는 경향이 있다.

3. 세상을 바꾸는 일은 엄두가 나지 않지만, 다른 모든 큰일이 그렇듯이 사람들의 행동이

자신의 주변 세계에 영향을 미칠 때 광범위한 변화는 시작된다.

일단 하루의 대부분 시간을 보내는 일터에서 변화를 도모할 수 있다. 스트레스와 갈등이 빚어지는 주된 장소가 일터라는 연구 결과도 있다. 가족과 함께하는 집에서, 친구들과의 모임에서도 우리는 변화를 시작할 수 있다. 지역 공동체에서도 모두가 사회 변화에 영향을 줄 수 있다.

그 과정 속에서도 분명 우리는 누군가의 세계관에 동의하지 못할 것이다. 하지만 생각이 다르다고 누군가와 이야기할 수 없는 것은 아니다. 마찬가지로 누군가의 신념에 동의하지 않아도 괜찮다. 바로 그런 모습이 정상적인 인간의 소통이다. 내가 설립했던 기업 내부에, 내 주머니 속의 세계 안에 구축하려고 했던 문화가 그런 정상적인 소통 관계다. 감사하게도 내 오래된 팀원들을 설득해 덫에서 벗어나 그런 문화에 가까이 다가설 수 있었다. 그런데 짐작했듯이 우리는 지금도 꽤 자주 서로의 생각에 동의하지 않아 의견 불일치가 일어난다.

관건은 다른 의견을 어떻게 제시하는지, 그 다름을 어떻게 해결하는지이다.

지금 당장 필요한 것은 타협이 상대방의 손해나 양보가 아니라 논쟁의 모든 당사자에게 이익이 되는 집단적 승리로 받아들이는 새로운 인식 전환이다.

　누구나 "나는 동의하지 않아", "내 생각은 달라"라고 말할 수 있다. 그렇게 말한다고 성공적인 리더가 되지 못하는 것은 아니다. 그렇게 말한다고 해도 승진할 수 있고, 큰 성과를 이루거나 좋은 파트너가 될 수 있다. 상대의 의견에 동의하지 않는다고 말하면서도 공격적이지 않고 상냥한 태도를 보여줄 수 있다.

I Don't Agree

우리가 싸움에 익숙한
진화론적 이유

––––––––

생각이 서로 다르다고 누군가와 이야기할 수 없는 것은 아니다. 마찬가지로 누군가의 믿음에 동의하지 않아도 괜찮다. 바로 그런 모습이 정상적인 인간의 소통이다.

형제자매 없이 혼자 자란 외동아이가 대가족 속에서 자란 아이들보다 협상력이 떨어지는 것을 흔히 볼 수 있다. 자랄 때 다른 형제자매의 기분을 맞춰가며 스타워즈 레고를 함께 조립하거나 마음에 드는 방탄소년단의 사진을 어떻게든 한 장 얻어내기 위해 노력하면서 아이들의 협상력이 자연스레 길러지기 때문이다.

사람마다 협상력이 다르다는 사실은 우리가 일종의 협상과 타협하는 능력을 타고났기 때문일지도 모른다. 우리의 DNA 실타래 어느 한 자락에 외교력을 가진 유전자가 있다고 생각한다면 당신은 낙관주의자이다.

그러나 세상을 밝게 바라보지 않는 이들은 대부분 우리가 갈등 해결과 관련된 소질이 전혀 없다고 주장한다. 협상과 타협하는 능력은 타고나는 것이 아니라 꾸준히 훈련하고 개발해야 한다고 본다.

일리노이대학교 응용심리학 교수 로리 크레이머Laurie Kramer가 평생을 매진해온 연구 결과에 따르면, 분명 갈등을 해결하는 능력 개발이 필요하다는 것을 알 수 있다. 크레이머는 아이의 성장에 부모 이상으로 형제자매가 미치는 영향이 크다고 말한다. 크레이머 교수는 '형제자매가 서로 다정하게 지내도록 만드는 프로젝트'를 기획하고 부모들을 인터뷰했다. 크레이머는 어린 형제자매(3~7세 그룹) 사이의 갈등[1]이 시간당 평균 3.5회라는 놀라운 빈도로 발생한다는 사실을 발견했다. 영국의 보건서비스(NHS)는 그 나이대의 아이들은 매일 적어도 10시간은 잠을 자야 한다고 권고한다. 그렇다면 날마다 깨어 있는 14시간 동안 49번 다툰다는 이야기다. 분명 어느 보건 전문가도 권고하지 않는 일이겠지만 말이다. 3세부터 7세까지 얼마나 다투는지를 계산해보면 $49 \times 365 \times 5 = 89,425$회라는 엄청난 숫자가 나온다. 인격이 형성되는 중요한 시기인 3세에서 7세 사이에 형제자매 간 얼굴에 생채기를 남길 정도의 다툼이 저렇게 많다는 것이다.

이것이 행복한 가족의 모습이다!

---

1 크레이머는 차례로 세 번의 적대적 의사 표현을 주고받으면 이를 '갈등 상황'이라고 정의했다. 단순히 한 번 밀치거나 욕설을 내뱉는 행위를 포함하면 수치는 더 올라간다. 다른 연령대를 연구한 결과 역시 더 빈번한 갈등 비율을 보여준다. 제프리 크루거Jeffrey Kluger는 자신의 저서 『형제자매 효과The Sibling Effect』에서 2~4세 연령대의 형제자매들이 시간당 평균 6.3회 싸운다는 사실을 발견했다. 크루거 또한 크레이머의 연구 결과를 폭넓게 인용했다.

우리는 모두 다툴 준비가 되어 있다

대부분이 어린 시절에 숱한 다툼을 경험한다고 추론할 수 있다. 나 또한 그러한 어린 시절을 보냈다. 이는 자연스러운 현상이다. 우리는 투쟁 유전자를 타고났는지도 모른다(나중에 자세히 알아보겠다). 더욱 안 좋은 소식은 모두가 다른 사람의 생각이나 의견에 반대하는 데 천재적인 능력을 가졌을지도 모른다는 것이다.

말콤 글래드웰Malcolm Gladwell은 『아웃라이어』(김영사, 2009)에서 상위 1퍼센트의 성공을 거둔 사람들에게 어떤 요소가 숨어 있는지를 밝힌다. 정치, 법률, 과학, 스포츠, 사업이나 대중문화 같은 분야에서 거둔 높은 성과 뒤에는, 이제는 모두가 아는 '1만 시간의 법칙'이 존재한다고 설명한다. 이는 특정 분야에서 세계를 제패하겠다고 작정한 개인이 그 영광을 얻기 위해 투자해야 하는 최소한의 기준 시간이다.

말콤 글래드웰은 빌 게이츠에서 비틀즈에 이르기까지 유명인사들을 광범위하게 조사했다. 이를 통해 그는 두드러진 성공을 거둔 이들은 자신의 분야를 1만 시간 이상 반복해서 연습한 사실을 발견했다. 우리 같은 게으름뱅이들은 도저히 이해가 가지 않지만 그들은 아주 어렸을 때 그런 훈련을 마쳤다. 빌 게이츠는 15번째 생일이 오기도 전이었다("엄마, 만약 이 글을 읽는다면, 내가 여드름투성이일 때 왜 좀 더 일찍 침대에서 끌어내지 않았는지 전화해서 따질 테니 기다려요!").

1만 시간의 법칙을 염두에 두고 크레이머에게 돌아가보자. 그녀는 형제자매가 매 시간마다 3.5번의 말다툼을 벌이며 10분을 소비한다고 주장한다. 만약 이 말이 사실이라면 다음과 같은 의미가 된다. 보건당국이 권고하는 10시간 수면을 취한다고 가정하면 3~7세 아이들은 날마다 깨어 있는 동안 2시간 33분을 열심히 싸움 연습에 몰두한다는 결론이 나온다.

좀 더 계산해보면 2.33×365×5의 결과, 총 4,252시간이 나온다. 1만 시간의 절반에서 그리 멀지 않은 숫자다. 8세 이후부터 사춘기 초기까지는 형제간 다툼의 빈도에 관한 연구가 이뤄지지 않았지만 나는 우리가 15세가 되기 전에 그 간격을 메우고 심지어 말콤 글래드웰이 말한 1만 시간의 법칙을 넘어설 수 있으리라 짐작한다.

그 이유와 근거는 다음과 같다.

형제간의 갈등이 8세 이후부터 줄어들다가 사춘기에 접어들면서 진정되기를 바랄 수도 있지만 다툼은 여전히, 그리고 꽤 자주 일어난다. 내가 그런 사실을 아는 이유가 있다. 빈도에 관한 연구는 없지만, 인생의 이 두 단계에서 형제간 다툼의 결과를 조사하기 위한 학술적 연구가 많이 이뤄졌고 지금도 행해지고 있다. 이를 보면 우리가 8세 이후에도 비용이 많이 드는 연구가 이뤄질 만큼 충분히 자주 싸운다는 이야기이리라.

예를 들어, 마르셀라 라파엘리_{Marcela Raffaelli} 박사가 《청소년과 사춘기 저널》(1997)에 게재한 논문 「'초기 사춘기'의 형제 및 친구들 간 다툼」에 따르면 언어적 다툼의 3분의 2가 한쪽 당사자의 완전한 굴복이나 어떤 합의도 없이 끝났다. 엘버타대학교의 교수이자 저자인 크리스티나 M. 리날디_{Christina M. Rinaldi}와 니나 하우_{Nina Howe}는 「형제 간 갈등과 관계의 질」이라는 보고서에서 사춘기 전 아이들이 다툴 때 건설적이기보다는 파괴적인 전술을 사용한다고 말한다. 이 결과 해결되지 않는 다툼이나 패배가 80퍼센트에 달하는데, 이는 2~7세 연령대의 어린 형제에게서 발견되는 수치와 맞먹는다.

유아기 이후, 형제간에 다투지 않고 잘 지내기를 바라는 것은 헛된 희망이 될 수 있다.

우리는 성장하면서 다른 사람들과도 말다툼을 벌이게 된다. 어떻게 형제자매와만 다투겠는가. 부모와도 실컷 싸우고, 새로운 환경에서 맞닥뜨리는 친구와 동료와도 다툰다. 성장하는 동안 주변 친밀한 사람들과 다툼이 이어지면서 우리의 전투 능력을 발전시키기 위한 시간이 추가로 '투자'된다.

통계상 우리는 모두 10대 중반에 전투 능력 개발을 위한 '1만 시간의 법칙'을 완성할 것이다. 실제 더 많은 시간이 쓰였을 확률이 높다. 만약 주변 사람들과의 다툼에 쓴 시간을 작곡에 썼다면 글래드웰의 기준에 따라 우리는 존 레논이나 폴 메카트니의 수준에 도달했을 것이다. 다툼의 기술에서 높은 성취를 이룬 사람에게 저작권료가 지급되지 않는 것이 안타까울 뿐이다.

이런 다툼의 빈도는 우리가 가장 가치 있게 여겨야 할 특성 중 하나와 반비례하는 경향이 있다. 바로 어떤 장애에도 굴하지 않고 타협할 수 있는 능력이다. 앞서 인용한 연구에 따르면 형제간 다툼에서 화해와 타협으로 마무리된 경우는 단 12퍼센트 미만이었다. 라파엘리의 1992년 연구에서는 그 비율이 겨우 9퍼센트에 불과했다.[2]

그나마 일부 아이들이 평화 중재자이자 외교관의 자질을 지닌 것은 축복받을 일이다. 하지만 자연스러운 기질은 대부분 다툼에 더 최적화되어 있다. 다행히도 이를 해결하는 방법 역시 많다.

형제자매의 싸움은 갈등 해결 훈련의 기회

심리학자 로리 크레이머는 자신의 최대 연구 업적으로 형제간의 다툼을 그들끼리 해결하게 놔두는 것이 가장 안 좋은 방법임을 밝

---

2 Ross, Hildy; Ross, Michael; Stein, Nancy and Trabasso, Tom. (2006). 'How Siblings Resolve Their Conflicts: The Importance of First Offers, Planning, and Limited Opposition'. Child Development, 77.

힌 거라고 강조한다. '자율성 향상'이라는 멋진 육아법처럼 들리는 문구까지 곁들이면 그들끼리 자율적으로 해결하게 두는 것이 괜찮은 해결 방안처럼 보이기도 한다. 하지만 그렇지 않다.

우리 집 세 아이가 아주 어렸을 때 일이다. 냉동고가 늘어서 있던 쇼핑몰 식품매장 복도에서 갑자기 다툼이 벌어졌다. 내 딸 밀리가 다급하게 질문했다. "노디(영국 인기 어린이 만화에 나오는 캐릭터-옮긴이)는 남자야 여자야?" 오빠 제이크가 "노디는 아마도 암수한몸의 괴물일걸"이라고 대답하자 다툼이 시작됐다. 복도에 얼음 조각이 흩어졌고 아이들이 발을 구르며 소란을 피우자 매장 직원이 엄한 얼굴로 다가와 훈계를 늘어놓았다. 그때 내가 그 직원에게 아이들의 자율성을 키우기 위해 싸움에 끼어들지 않을 뿐이라며 그의 행동을 제지했더라면 우리는 여전히 영국에서 가장 큰 그 식품매장을 잘 이용하고 있을 텐데. 아이들은 이후 다시는 그 쇼핑몰에 가고 싶어 하지 않았다. 어쩔 수 없이 온라인에서 식재료를 구매할 수밖에 없었다.

부모가 한 걸음 뒤로 물러나 아이들이 스스로 문제를 해결할 수 있도록 성급히 끼어들지 않는 것이 우리는 현명한 행동이라고 생각한다. 자신의 잘못을 스스로 깨우치게 하자는 것이다. 그런데 크레이머의 주장대로 이런 생각이 완전히 잘못됐다면? 그녀는 아이들의 다툼을 오래 방치한 결과로 고통받고 싶지 않다면 부모가 직접 개입해야 한다고 주장한다. 아래는 형제자매의 싸움에 부모가 어떻게 적절히 개입해야 하는지 방법을 알려준다. 당신이 부모든 기업의 CEO든지 간에 흥미로운 교훈을 얻을 수 있을 것이다.

1. 적절히 개입하기

형제간에 긍정적인 관계를 맺어주기 위한 가장 효율적인 전략은 선제 조치다. 자율성 향상을 위해 구경만 하거나 "내가 말했듯이" 같은 권위주의적 접근은 잊어버려라. 논쟁이 벌어졌을 때 필요한 건 협력을 통한 문제 해결이다. 이를 위해서는 아이들과 함께 갈등의 원인을 찾고 부모가 도와서 가능한 해결책을 궁리해야 한다.

일단 끓어오른 감정을 가라앉히고 모든 당사자가 원탁에 둘러앉을 수 있을 때까지 기다려야 한다. 워털루대학교의 저명한 명예교수들인 힐디Hildy와 마이클 로스Michael Ross 그리고 시카고대학교의 낸시 스타인Nancy Stein과 작고한 톰 트라바소Tom Trabasso 교수가 2006년 '어떻게 형제간 분쟁을 해결할 것인가'라는 제목의 연구에서 이를 실제로 실험했다. 여러 가족의 형제간에 진행 중인 갈등을 다시 꺼내 토론을 통해 해결하려고 시도했다. 그 결과 42퍼센트의 토론에서 성공적으로 협상이 이루어졌다. 앞서 인용한 분쟁을 그대로 두었을 때의 연구 결과와는 비교할 수 없을 정도로 커다란 진전이 이뤄진 수치다.

2. 모범을 보여주기

긍정적인 행동을 모델링하는 것 역시 도움이 된다. 만약 형제가 화목하기를 원한다면 부모가 가까운 사람들이나 부부간의 조화로운 관계는 어떤 모습인지를 보여줘야 한다. 예를 들어 배우자와 언쟁이 필요할 때는 자녀들이 보지 않는 곳에서 한다. 자녀들 앞에서 부모가 자주 다투면 심각한 결과를 초래할 수 있다는 연구 결과도 있다.

스티븐 뱅크_{Stephen P. Bank}와 마이클 칸_{Michael D. Kahn}은 『형제간 유대_{The Sibling Bond}』(1997)에서 이렇게 말했다. "자녀들의 다툼을 해결할 안정적인 판단 기준이 부모에게 없거나 그 기준이 변덕스럽고 이해하기 힘들면 형제간 관계는 혼돈에 빠지고 심지어 살의를 불러오기도 한다." 나는 분명히 경고했다!

3. 보상과 칭찬

자녀들이 서로 돕고 존중하며 친하게 지낼 때 이를 보상할 적절한 방법을 찾아본다. 이것은 한 단계 더 진전된 전략이 될 수 있다. 예를 들어 다음과 같이 말한다. "○○아, 장난감을 동생에게 양보하다니, 잘했구나. 우리 케이크 함께 먹을까?"

법의학 심리학자 지나 스텝Gina Stepp은, 보상과 칭찬 전략이 부모 자신의 행동을 돌아보게 한다고 말한다. 부모는 형제간 괴롭힘이나 신체적 다툼, 가열된 말싸움 같은 행동을 성장기의 당연한 통과의례로 여기지 않고 따뜻함과 애정을 바탕으로 사이좋게 지내기를 바란다는 점을 분명히 해야 한다. 아이들이 서로 간에 애정을 보여준다면 시간을 들여 칭찬해준다. 그러면 아이들이 앞으로 어떻게 행동해야 할지 스스로 이해하게 된다. 이 전략을 일관성 있게 꾸준히 실행하라.

그런데 놀랍게도 이런 전략들이 가장 효과적이고 확실한데도 실제 사용되는 예를 찾아보기는 힘들다. 크레이머는 부모들이 갈등을 관리하는 데 필요한 말을 많이 하지 않는다고 한다. 이 방법은 감정 소모가 심해서 권위적으로 접근하거나 차라리 아무것도 하지 않는 쪽이 훨씬 수월한 선택이기 때문이다.

그렇다고 해서 부모나 자기 자신을 탓하지는 말자. 부모나 우리 자신 역시 어린 시절 누가 마지막 츄파춥스를 먹을지를 두고 1만 시간 이상을 다투면서도 주변 누군가의 중재를 받지 못했을 가능성이 크다. 자신이 받지 못했던 것을 다른 사람에게 주기는 쉽지 않다. 이는 대물림에 가깝다. 긍정적 관계를 구축하기 위해 친화적 자세나 관점으로 아이들을 돕지 못하는 것은 어른 자신도 이 부분에 도움이 필요하다는 것을 방증한다.

아이들 간의 갈등을 잘 관리해 미래 삶을 어떻게 개선할지에 대한 논의는 현재 잘 이루어지고 있다. 그렇다면 이미 어른이 되어버린 성인은 어떻게 해야 할까?

의견이 다른 사람들과 화합하는 데 필요한 3가지

우리 중 누구도 시간을 거슬러 올라가 수많은 갈등을 되돌리거나 1만 시간 이상 연습된 전투력을 누그러뜨릴 수 없다. 하지만 걱정하지 않아도 된다. 변화하기에 늦은 때란 없다. 조화로운 인간관계를 확실히 맺을 수 있는 3가지 쉬운 방법이 있다.

- 관점을 가져라.

- 상대방이 이해했는지 신경 써라.

- 명확한 자세를 취하라.

내가 운영하는 사업의 핵심은 광고주에게 아이디어를 판매하는 것이다. 기본적으로 광고업계는 갈등이 많다. 실제 창의적인 사람들은 월등한 작품을 만들기 위해 기꺼이 싸울 태세가 되어 있다. 갈등은 필수다. 그래서 타인의 마음을 이해하는 능력 분야에서 창

의력 관리를 흥미로운 행동 연구 주제로 삼는다.

자신의 깊은 감정은 물론 타인의 감정도 민감하게 공감하는 사람이 있는가 하면 자신의 작품이나 자존심에 조금이라도 흠집을 내려는 이와는 기꺼이 피를 흘리며 싸울 준비가 된 사람도 있다. 나는 광고업계에서 자신의 캠페인 아이디어를 시장에 내보내기 위해 갑옷을 입고 칼을 뽑는 이들을 많이 봐왔다.

같은 클라이언트를 위해 두 사람이 서로 다른 창의적인 방식을 선보였다고 가정해보자. 각자 자기 아이디어의 장점과 상대방 아이디어의 단점에 대해 목소리를 높일 때 나는 두 사람의 생각을 이해하기 위해 칼 랜섬 로저스Carl Ransom Rogers의 지혜를 빌려온다.

자기실현 이론을 세상에 내놓은 로저스는 심리학에서 인본주의 접근법을 창시한 사람이다. 무엇보다도 "자신이 어떻게 인식하는지를 그 누구도 알 수 없으므로, 우리는 자기 자신에 대한 최고의 전문가"라고 말했다. 이 말은 자신의 인식을 넘어서는 관점을 갖기가 얼마나 어려운지를 의미한다. 앞으로 우리가 하려는 연습에서 이 분석은 무척 중요하다.

카피라이터 2명이 광고와 관련해 불만이 있다고 가정해보자. 둘 중 누군가는 순전히 이기심에서 불평을 하는지, 아니면 자신의 아이디어가 확실히 더 우월하다는 합당한 근거가 있어서 그러는지를 밝히기 위해 나는 한쪽 당사자에게 상대방의 광고안에 대해 개략적으로 설명해보라고 요청한다.

그런 다음 원작자에게 상대방이 자신의 아이디어를 정확하게 이해했는지를 묻고 다시 반대편에게도 똑같은 과정을 반복한다. 만약 둘 중 하나가 상대방의 아이디어를 설명하는 데 실패한다면 확실히 서로 커뮤니케이션이 원활히 이루어지고 있지 않다는 의미다. 또 그들이 넓은 시야로 상대방의 관점에서 사고하는 데 실패했다고 해석해야 한다.

이를 현장에서 직접 실행해보면 양쪽 당사자 모두 실패하는 경우가 많다.

중재자가 양쪽의 생각을 충분히 이해하면 훨씬 도움이 된다. 한쪽이 이런 중재 과정을 파탄내려고 시도할 때 이를 저지할 수도 있다. 상대방이 자신의 아이디어를 정확히 설명했는데도 맞지 않다고 주장하며 속임수를 쓸 수 있기 때문이다. 실제 이런 일이 일어난다!

재키 보라우어Jacquie D. Vorauer와 스테파니 다니엘 클로드Stephanie-Danielle Claude의 「협상에서 상대방의 목적에 대한 이해도와 실제 이해도의 차이」라는 연구 논문을 보면 협상 참가자가 자신의 협상안에 대한 상대방의 이해도를 과대평가한다는 것을 알 수 있다. 더구나 협상안을 미리 통보받은 중립적 관찰자들 또한 이를 처음 본 협상 참가자의 이해도를 실제보다 높게 평가한다는 사실이 밝혀졌다. 현실에서 상대방의 협상안을 미리 통보받지 못한 협상 참가자는 실제 협상 자리에서 상대방의 의도를 파악하기 힘들어하는 경향이 있다. 또한 위 논문은 협상을 가로막는 장애 요소를 상대방에게 돌리고 자신의 협상 태도에 더 높은 점수를 준다는 다른 논문을 인용한다. 앞서 언급한 적 있는 귀인 오류 현상이다.

위 연구를 통해 전투 자세를 갖춘 협상 참가자는 자신의 정당성이 상대방에게 불꽃처럼 명확하게 보일 것이라고 생각한다는 사실을 발견했다. 결과적으로 그들은 상대방의 입장을 이기적이고 적대적으로 여기는 것이다.

사람들은 고정관념을 버리지 못하고 자기중심적인 관점을 지니고 있을 확률이 높은데, 이런 사실 때문에 나는 어려운 대화에 접근하는 방식을 바꿨다. 동료나 친구, 파트너의 의견에 "나는 동의하지 않아"라고 말해야 한다면 우선 나 자신의 동기를 검토하고 자기 성찰을 하는 중요한 단계를 거친다.

나는 누군가와 대화할 때 내 관점을 좀 더 쉽게 상대방이 이해할 수 있도록 주의를 기울이기로 맹세했다. 적어도 내게는 이 맹세가 거의 종교적인 효과가 있었다. 어떤 토론 자리에서든 가장 먼저 이 생각이 머릿속에 떠오른다. 무엇보다도 나는 귀인 오류가 내 판단에도 영향을 미친다고 가정한다. 위에서 언급한 사실을 모두 고려할 때 귀인 오류는 어린 시절부터 크고 작은 다툼으로 단련된 내 잠재력이 벗어나기 힘든 습관으로 자리 잡았을 것이다. 나는 1만 시간을 반복했고 이후에도 멈추지 않았다.

이제 성인이 되었으니 어린 시절 철없던 행동은 쉽게 통제할 수 있으리라 생각하는가. 글쎄, 그러면 좋겠지만 이는 생각보다 훨씬 어려운 일이다. 실제 이런 행동은 다원주의의 지배를 받을 가능성이 크기 때문이다.

2단계

I
Don't
Agree

핀치새에게서 찾은
진화 전략

———————

갈라파고스섬에 사는 핀치새들은 주변 환경이 바뀌어 먹이가 달라지면 자신
의 부리를 변형해 환경에 적응해나간다. 다윈의 핀치새들은 분화分化를 통해
조화를 이루며 사는 방법을 찾았다. 우리가 몸담은 조직은 어떤가?

한번은 놀이터에서 한 꼬마가 동생과 다툰 뒤 미끄럼틀 꼭대기에 앉아 있는 모습을 본 적이 있다. 동생은 미끄럼틀 바닥에 웅크리고 앉아 울고 있었는데 엄마가 꼬마에게 그 이유를 다그쳐 물었다. 꼬마는 잘 모르겠다는 표정으로 손만 멀뚱히 내려다보았다. 마치 범인이 손이라도 되는 듯이 말이다. 그러더니 갑자기 자기도 어쩔 수 없었다고 고함을 질렀다.

자신도 모르게 꼬마는 나쁜 행동에 대해 과학적으로 완벽하게 변명했다. 자신이 통제할 수 없는 진화적 압박이 그의 손을 강제로 움직였다는 것이다.

만약 유전학자가 아니라면, 어떤 부모도 자녀들의 다툼을 다른 부모에게 하소연하면서 찰스 다윈Charles Darwin의 연구를 인용하지는 않을 것이다. 기업의 CEO 역시 내부 팀 사이의 협력 부족을 고민하면서 다윈의 『종의 기원』(사이언스북스, 2019)을 펼쳐보지는 않을 것이다. 마찬가지로 내각에서 빈번히 일어나는 파벌 싸움으로 골머리를 앓는 민주 정부의 지도자가 다윈을 떠올리는 일도 없을 것이다.

그래도 찰스 다윈을 기꺼이 고려해야 할 이유가 있다. 만약 회사에서 정치질과 노골적인 적대감을 보이는 비생산적인 경쟁을 털어버리고 경쟁력 있는 조직을 구축하고 싶다면 진화 전략을 고려해보는 것이 현명한 방법일 수 있다. 그 이유가 뭘까?

진화를 통해 발달한 경쟁 본능

형제자매는 태어나면서부터 부모의 관심과 사랑을 얻기 위해 끊임없이 갈등에 빠진다. 다윈은 특별하고 한정된 자원인 부모의 관심이라는 눈부신 포상이 무기를 갖추라는 진화적 욕구를 낳았다고 설명한다. 경쟁자인 형제에게서 부모의 관심을 빼앗아오기 위해서다. 성공하면 첫째가 가진 혜택이 상쇄되는 단계인 독립 개체가 될 때까지 살아남을 확률이 높아진다. 다른 아이들이 영양가 높은 가정식을 먹을 때 자신은 패스트푸드 매장에서 정크푸드를 먹고 있다면 이런 무기가 더 절실해진다.

매사추세츠 공과대학교 연구원 프랭크 설로웨이Frank J. Sulloway는 하버드대학교에서 과학사 박사학위를 받았고 인정받는 연구를 많이 했다. 특히 그는 『타고난 반항아』(사이언스북스, 2008)의 저자이다. 그 책을 통해 설로웨이는 인류가 업적을 이룬 모든 분야의 가장 급진적인 사상가들은 통계적으로 첫째가 아닐 확률이 아주 높다고 주장했다. 다윈은 6남매 중 셋째였고, 볼테르는 3남매 중 막내였으며, 벤자민 프랭클린은 17형제 중 15째였다.

첫째가 아닌 많은 이들이 인류가 당연히 여기던 것들을 전복시켜 세상을 바꿨다. 그들은 권위를 가진 정통적 사고를 무너뜨렸다. 그들의 급진주의는 첫째와의 유년기 생존 경쟁에서 나온 결과물로 보인다.

과장처럼 들리겠지만, 사실이다.

설로웨이는 자신의 주장에 다윈의 이론을 가져왔다. 예를 들어 부모의 애정을 갈구하는 경쟁처럼 지속적인 갈등의 원천은 성공을 위한 잠재력을 키우는 데 필요한 적응 능력을 향상시킨다는 것이다. 다윈은 이를 '분화 원리principle of divergence'라고 불렀다. 자연에서 분화는 어떤 종이 먹을거리와 서식지를 놓고 경쟁할 수 있게 해주는 진화 전략이다.

설로웨이는 이 원리를 증명하기 위해 다윈의 (그 유명한) 핀치새를 반복해서 인용했다. 지리적으로 고립된 갈라파고스섬에는 13종의 핀치새가 살았다. 이 새들은 작은 그룹으로 점점이 모여 있는 섬에서 생존에 유리한 생태적 틈새를 찾기 위해 각각 다른 종으로 진화했다. 부리나 발톱의 크기와 형태가 변화하면서 한정된 자원을 가진 생태계에서 같은 먹을거리를 놓고 다투는 경쟁이 줄어들었다. 이를 '적응-방산adaptive radiation'이라 한다. 그 과정을 거치면서 일부는 곤충을, 다른 일부는 씨앗이나 나뭇잎을, 그리고 나머지 두 종은 선인장을 먹는 식으로 진화했다. 자연의 경제 원리를 예리하게 보여주는 사례다!

물론 인간이 핀치새는 아니다. 하지만 설로웨이는 아이들이 가족 서열의 불리한 영향을 이겨내기 위해 적응방산을 겪는다고 주장한다. 물론 다윈의 핀치새는 여러 세대에 걸쳐 진화했다. 그렇다고 인간이 개인 삶의 발전 과정에서 필요한 적응을 가능하게 만드는 개방된 유전자 프로그램을 가지고 있다는 설로웨이의 주장을 반증하지는 않는다. 우리는 이를 적응의 가속화된 형태라고 이해할 수 있다. 만약 맏형이 자신의 간식을 먹어버리고 용돈을 가로챌 뿐만 아니라 부모의 관심을 독차지한다면 둘째는 적응해야만 한다! 당연한 일이다.

많은 둘째가 크기와 힘, 인지 능력에서 첫째보다 불리하다. 그래서 좀 더 정교한 대응 전략인 '차별화된 개성'을 개발한다. 다른 능력과 관심을 받을 만한 소재를 더 폭넓게 개발해야 부모가 뭔가 가능성을 발견하고 자원을 집중할 수 있기 때문이다. 다윈, 갈릴

레오, 볼테르와 같은 이들이 자신의 급진적인 사고로 세상을 바꿀수 있었던 것은 유년기에 생존에 유리한 가정 내의 틈새를 차지하기 위해 벌였던 경쟁 덕분임이 틀림없다. 그들은 형과 누나 들에게 전략적으로 맞선 것이다!

따뜻하게만 보이는 가족 안에 갈등을 위한 본능을 날카롭게 가다듬는 뜨거운 열기가 숨어 있다. 물론 이것은 자신만의 방식으로 적응하고 성장하는 동력이기도 하다.

가족의 품을 떠난다고 해서 어떻게 영향을 받지 않을 수 있겠는가? 부모의 관심을 바라는 욕구, 성장에 필요한 돌봄을 받는 순서, 생존을 위해 분화해야 하는 필요 등, 이 3가지 요소가 강력하게 오늘날 우리 자신을 만들어냈다. 인간이 만들어낸 어떤 조직이든지 마찬가지일 것이다. 경쟁해야 한다는 본능은 협동하는 능력을 방해한다. 어린 동생들이 힘을 가진 첫째와 다투는 모습과 크게 다르지 않다.

진화는 직장 생활에 어떤 영향을 미치는가?

광고회사에서 타 제품과의 차별화는 당연한 요구다. 시장 지배자는 도전하는 브랜드와 어떻게 다른지를 고객과 소통하지 못한다면 정상의 위치를 지켜내기 힘들다. 마찬가지로 도전하는 브랜드도 자신의 분야에서 오직 시장 지배자를 모방하기만 하면 성공 가능성은 크지 않다.

교육 시스템 역시 같은 구조로 짜여 있다. 주된 목표는 구직 시장에 나섰을 때 남들보다 더 나은 경쟁력을 갖추는 것이다. 하지만 모두가 같은 목표로 내몰린다면 모든 과목에서 우수 평가를 받더라도 직장을 구하기가 힘들 것이다.

그래서 학교를 졸업해 첫 직장을 구하려고 일제히 이력서와 자기소개서를 제출할 때, 교과 외 활동을 포함해 야망이 있고, 목표를 향해 돌진하며, 특히 다른 응시자들과는 근본적으로 다르다는 점을 강조하는 내용으로 잔뜩 채운다.

이후에 첫 직장을 무사히 구하는 행운을 얻는다면, 대개 같이 시작하는 동료들을 협력자가 아니라 경쟁자로 인식하며 커리어를 시작한다. 심지어 난폭한 본능을 숨긴 포식자나 내 성공을 감시하는 스토커로 생각하는 이들도 있다. 대부분 신입사원은 면접을 볼 때 협동심과 관련한 질문을 받는다. 이때 신입사원들은 할 수 있는 최대한의 미사여구를 구사하여 강하게 긍정했을 것이다. 하지만 그들의 본능은 면접장에 나란히 앉아 있는 경쟁자들을 바라보며 다른 방향의 비명을 질러댔을 것이다.

이를 증명하기 위해 나는 미디어 관련 3곳의 회사 직원 211명에게 익명으로 설문조사를 했다. 설문에 참여한 사람들에게 직장에 첫 출근할 때를 떠올려보라고 했다. 그들은 자신의 업무에서 팀 플레이어로 협력을 잘한다고 생각하느냐는 질문에 77퍼센트가 '예, 항상 그렇다'고 답했다. 나머지 20퍼센트는 '예, 일부 시간에만'이라고 답했다. 자신에게 유리한 동기가 있을 때에만 협동심을 보이는, 팀워크에 대한 눈에 띄게 변덕스러운 접근 방식이다(이는 분명 진화 전략에 따른 행동이다). 오직 2.55퍼센트만이 '아니오. 언제나 그렇지 않다'라며 단도직입적으로 인정했다. 분명 이 소수는 잔인하리만큼 정직하다. 그렇다면 대다수는 어떤가?

첫 출근 날 가까운 미래의 어느 시점에 승진해 있는 자신을 떠올렸는지를 물어보면 응답자의 79퍼센트(자신이 팀플레이어라고 응답한 수보다 약간 더 많은)가 '그렇다'고 대답했다. 나는 근사치를 보여준 이 두 결과가 흥미로웠다. 승진은 동료보다 지위가 높아진다는 것을 의미한다. 팀 전체의 성공(모두가 동등한 성과로 같은 보답을 받는 상황)에 부합하지 않는 이야기다. 더 흥미로운 점은 응답자의 48퍼센트가 회사의 꼭대기에 오른 자신을 떠올렸다고 대답했다. 다시 말해 같은 빌딩에 있는 그 누구보다도 높은 지위에 오른 자신을 상상했다는 의미다. 이것은 자신이 '팀을 우선시하는 사람'이라는 대답과는 거리가 한참 먼 결과다.

개인의 영광을 추구하면서도 진심으로 협동심을 발휘할 수 있을지 의구심이 생긴다.

설문조사의 문제점을 지적하는 것은 어려운 일이 아니다. 미디어업계의 사람들이, 말하자면 의료업계보다는 그렇게 고분고분한 성향이 아닐 수도 있다. 하지만 이런 설문 결과는 끊임없는 경쟁 욕구를 다스려 협동심을 향상시키는 일이 얼마나 어려운지를 보여준다. 몇몇 개인이 아니라 전체 업계의 발전에 도움이 되는 결과라고 말하기는 더욱 어렵다.

이 경쟁 욕구를 다스리지 못하면 갈등으로 점철된 내부 문화, 더 나아가 독이 되는 나쁜 내부 문화로 이어질 수 있다.

갈등을 줄이기 위한 진화 전략

다윈의 핀치새들이 우리가 어디로 나아가야 할지 방향을 알려준다. 이 작은 새들은 분화를 통해 조화를 이루며 사는 방법을 찾았다. 직접적인 효과는 같은 먹을거리를 두고 경쟁을 피할 수 있다는 것이었다.

직장 생활에서도 사람들의 경쟁은 치열하다. 물론 먹을거리가 아니라 인정과 보상을 위한 경쟁이다. 가정과 조직 생활 속 역학은 놀라울 정도로 유사하다. 인정받기 위한 투쟁과 부모의 투자와 지원을 나눠 받기 위해 내 자리를 찾아야 한다는 요구가 그러하다. 어떤 조직이든 다윈주의의 실험장이 될 수 있다. 그리고 경쟁의 희생양이 되지 않는 한 가지 방법은 핀치새처럼 더 분화해나가는 것이다.

만약 백지 상태에서 특정 프로젝트를 수행하기 위해 팀을 꾸려야 한다면 다윈의 갈라파고스 군도를 떠올려야 한다. 그리고 팀원들은 핀치새들처럼 업무를 수행해야 한다. 그렇다면 우선 업무 흐름을 어떻게 개인별로 나누어야 할지를 생각해야 할 것이다.

각자의 업무 목표를 달성하기 위해 어떤 기질과 자질, 그리고 전문 지식이 필요한지 따져서 어떤 유형의 핀치새를 투입할지를 결정하면 된다.

선인장을 잘 먹는 새는 누구이고, 나뭇잎을 잘 갈아 먹는 새는 누구인가?

나는 다윈의 핀치새를 곧바로 떠올렸고 고객의 어려운 과제를 수행하기 위해 팀을 꾸리는 데 각각 어떤 행동이 나를 도울 수 있을지를 생각했다. 내부 게시판에 팀원 모집 공고를 올리자 특정 역할에 지원자들이 쇄도했다. 가장 주목받고 영광스러운 광고제작 수석 자리였다. 다른 역할에는 응답이 없었다.

핀치새의 분화를 적용한다면 어떤 목표나 교육 시스템, 가정 내부의 진화적 역학이 서로 경쟁하려는 본능을 자극하지 못하도록 제어할 수 있을지도 모른다. 그렇다면 실제 상황에서 핀치새와 같은 분화를 어떻게 실행할 수 있을까?

협력하는 팀을 구축하는 방법

갈등을 줄이고 협력하는 팀을 구축하는 방법이 있다. 내가 '가치 제시values outing'라고 부르는 개념이다. 직장 생활에서는 대개 이렇게

부른다. '조직 문화!'

경영의 구루나 전문가, 최고경영자들은 조직 문화에 너무 열광적이어서 꼴사나울 정도다. 내 해석 또한 다른 이들과 크게 다르지 않은데, 기업 문화란 구성원들이 목표를 달성하기 위해 집단적으로 행동하는 방식이다.

구성원들의 행동을 이끌어내는 기업 문화는 일련의 가치가 모여 형성된다. 적극적으로 좋은 문화를 형성하기 위해 첫 단계에서도 해야 할 일이 많다. 직원 구인 공고와 채용 과정에서 가치 우선적으로 접근해야 한다. 명확하게 정의된 내부 문화에서 허용되지 않는 행동이 있다는 것을 알려야 한다. 신규 직원 채용 이후 조직에서 매일 내려지는 모든 결정은 오로지 기업 문화에 반영된 가치에 따라 이루어져야 한다고 많은 전문가가 말한다.

나는 전문가의 조언에 따라 직원을 채용할 때 지원자의 자질, 경력, 능력 등은 부차적으로 고려했다. 더 나아가 우리 기업이 대외적으로 내세우는(일반적으로 권유되는) 가치에 부합하는 사람을 채용하는 대신, 후보들이 자신만의 핵심 가치를 드러내도록 하는 것이 훨씬 중요하다고 생각했다.

앞서 설문조사에서 봤듯이, 사람들에게서 이를 정확히 짚어내기는 쉽지 않다. 하지만 진정한 자아를 드러내도록 유도할 수 있다면 그들의 적성을 보다 올바르게 판단할 수 있다. 그러면 회사 웹 사이트에 올려놓은 대외적 가치만을 단순히 반복해 말하는 이들이 아니라 상호보완적인 행동과 믿음을 가진 개인들로 구성된 팀을 구축할 확률이 높아진다.

여기서 흥미로운 점은, 누구나 자신의 핵심 가치와는 다른 무언가가 진행될 때 본능 차원에서 직감적으로 이를 느낀다는 것이다. 어떤 행동이 자신이 생각하는 순리에 어긋날 때 깊은 내면의 감정이 이를 말해준다. 그렇지만 만약 자신의 핵심 가치를 명확하게 표현해보라고 하면 아마도 쉽지는 않을 것이다. 나는 갑자기 이 같은 부당한 요구를 해서 많은 면접자를 놀라게 했다. 처음에는 일반적으로 최상급의 미사여구를 이리저리 조합해서 대답한다. 대개는 면접에서 좋은 인상을 주기 위한 표현들이다(진실이 아닌). 그러다가 면접관이 귀 기울여 들어줬으면 하는 내용이 흘러나온다. 당연히 자신의 핵심 가치에 대해서도 털어놓는다. 최소한 사회적으로 용인되는 것들에 한해서.

앞선 가치관 조사에서 96퍼센트가 개인적으로 소중하게 생각하는 가치가 있느냐는 질문에 '예'라고 답했다. 그런데 그들 중 78퍼센트는 이를 진지하게 어디엔가 써본 적조차 없고, 겨우 4퍼센트 정도만이 언제나 자신의 가치관에 부합하는 삶을 살고 있다고 대답했다. 응답자들에게 생각할 시간도 주지 않고 재빠르게 소중한 5가지 가치를 나열해보라고 했다. 이미 자신의 가치관이 있다고 대답한 만큼 그리 어렵지 않았다. 어느 정도 시간이 흐른 후, 똑같은 과제가 주어졌지만 이번에는 앞선 대답을 무시하고 충분히 생각한 후에 대답하게 했다. 그러자 거의 50퍼센트의 응답자가 하나 이상의 항목을 변경했다.

나는 이를 비판적으로 보거나 모든 사람이 정직하지 않다고 말하려는 것이 아니다. 단지 많은 사람에게 이는 별로 생각해본 적이 없고 절대 변하지 않는 것도 아니라는 주장을 하는 것이다. 덧붙여 만약 그들이 이를 즉흥적으로 떠올리면 대개 피상적인 개념에 머문다. 자신에게 소중한 가치를 명확히 규정하고 또 이를 표현할 수 있는 사람은 그리 많지 않다. 타인에게가 아니라 자신에게도 잘 설명하지 못한다.

반면에 누군가에게 어딘가에 나서서 자신들의 핵심 가치를 실현하라고 요구한다면 미래를 위한 행동 계획이 담긴 청사진을 보여줄 것이다. 이상적인 자아를 성취하는 과정에 자신의 가치관을 활용할 수 있는지를 보여주는 바로미터다. 이런 청사진은 그들의 삶을 바꾸는 데뿐만 아니라 조직 문화를 개선하거나 협력적인 팀을 구성하는 데도 강력한 도구로 쓰일 수 있다. 또한 이를 통해 갈등이 줄어든다면, 모든 것이 훨씬 더 나아질 것이다!

'가치 제시' 연습하기

'가치 제시'를 연습하는 것은 그리 어렵지 않다. 나는 우리 팀에 참가하기를 원하는 사람들에게 그들의 업무 성과와 이력서를 다시 써줄 것을 부탁한다. 단 커리어 관리 측면이 아니라 그들이 소중히 생각하는 네다섯 가지 가치를 공동체적 관점에서 서술해달라고 한다.

왜 네다섯 가지일까? 영국 증시의 대표 지수인 FTSE 100에 포함된 기업들이 내세우는 핵심 가치의 평균 개수이기 때문이다. 컨설팅 회사인 메이틀랜드Maitland가 실시한 2016년 영국 비즈니스 최고 가치 조사에서 나온 놀라운 결과에 따르면, FTSE 100 기업 중 84개 사社가 자사의 홈페이지에 회사의 가치 체계를 게시하고 있으며 그 중요성을 인식하고 있었다. 그런데 그 회사 중 어디도 가치를 어떻게 실현할지에 대해서는 아무것도 보여주지 않았다. 즉 과거나 현재의 구체적인 사례나 미래를 위한 행동 계획이 없는 것이다. 이는 내부 문화를 개선할 어떤 전략도 가지고 있지 않다는 사실을 보여준다. 모범적인 내부 문화를 형성하는 데 도움을 줄 청사진이 없는 것이다.

보고서에는 당시 영국 관리자협회 이사의 서문이 실렸다. 그는 다른 기업과의 주요 차별화 요소로 회사가 추구하는 가치의 중요성을 인정하면서도, 그렇게 소중하게 만들어낸 가치를 얼마나 많은 CEO가 조직 내에 완전히 녹여내고 실제로 구현시켰다고 말할 수 있는지를 물었다. 그들의 딜레마를 풀어내는 데는 '가치 제시'가 하나의 방법이 될 수 있다.

걱정하지 말고 일단 시도해보라. 분명 개인적인 가치관을 정립할 수 있을 것이다. 스스로 진실이라고 믿고 자신에 대해 진실하기를 바라는 모든 것을 차별화하고 쉽게 전달할 수 있는 몇 가지 특성으로 압축하라.

시간을 들여라. 당신의 가치 체계가 미래 행동을 이끌어줄 불변의 기준이라고 생각해야 한다. 평생 동안 이어지는 새해 결심 같은 것이다. 심사숙고해서 내려야 할 큰 결심이다. 비밀리에 봉인해놓은 뒤 한참 뒤에 찾아와 어떤 패배자가 이런 글을 써놓고 숨겨놓았을까 궁금해하는 일이 있어서는 안 된다.

자신을 이처럼 거창하게 생각해본 적이 드물어 대부분 사람들이 당혹스러워한다. 내가 '가치 제시' 연습을 처음 할 때도 그랬다. 책상 위에 이것을 계속 펼쳐놔야 한다는 생각에 자꾸만 움츠러들었다. 아내나 아이들, 그리고 동료, 특히 유난히 신랄한 유머감각을 가진 몇몇 특정 친구가 발견해 조롱하면 어쩌나 전전긍긍했다.

이런 우려 때문에 멈춰서는 안 된다. '가치 제시' 연습을 통해 정말로 인생을 바꿀 수 있다. 물론 내가 잠든 사이에 '세상을 구하기'

같은 거창한 문구가 누군가에게 발각되기를 바라지는 않는다.

마지막으로 과거의 행동이 새롭게 정리한 자신의 가치 체계에 부합하는지 하나하나 되짚어보자. 이력서를 꺼내 들고 모든 학업과 경력, 업무 성과를 새로운 가치 체계를 기준으로 검토해보자. 각각의 가치를 머리말로 해서 이력서의 구조를 다시 짜고, 경력과 업무 성과를 새롭게 분류해 내용을 써서 자신이 소중하게 생각하는 가치 체계에 맞춰 살아왔다는 것을 보여주는 것이 중요하다. 새롭게 설정한 내 가치 체계와 맞지 않는 세부 사항은 무시해도 상관없다. 이 연습을 통해 자아실현을 위한 로드맵 역시 만들 수 있다. 이상에 머물던 자아가 진정한 자아로 나아가는 순간이다.

가치 제시로 조직 문화를 만든다

이제 '가치 제시'를 어떻게 적용해야 할지 이해가 될 것이다. 가치 제시를 하는 이유는 우리가 찾는 행동 지표를 구별해내기 위해서다. 우리는 갈등을 일으키지 않고 언제든 협력할 수 있는 조직 문화에 잘 맞는 사람을 원한다. 당신은 다른 종류의 문화를 찾고 있을지도 모른다. 마음에 두는 조직 문화에 적합한 가치관을 정확히 인식하고 있다면 이 연습은 충분히 도움이 될 수 있다.

이루고 싶은 문화의 강력한 구성 요소라고 생각되는 자질을 찾아라. 내 경우 협동심, 팀플레이어, 팀워크, 포용력, 연대감 등이다.

또는 공정, 정의, 평등, 양심 또는 사회의식 같은 단어들을 반복해서 사용하는 이들도 있다. 성실과 정직은 다른 문제다. 오히려 대다수가 이 가치에 높은 점수를 주는 데 주의해야 한다. 공공서비스, 금융, 보안, 교육, 제조업, 의학, 법률, 그리고 거대한 글로벌 기업들이 그러한데, 실제로 메이틀랜드는 FTSE 100 기업 중 35개 회사가 성실과 정직을 주요 가치로 삼았다고 보고했다. 차별화했다고 보기에는 숫자가 너무 많다!

메이틀랜드의 파트너 스티브 마링커는 흔할수록 진부하고 설득력이 떨어진다고 걱정하는 기업에 진실하고 독특한 가치를 명확히 설명하는 것이 어렵다고 이야기한다. 그렇기 때문에 만약 당신이 누군가에게 가치를 발표하라고 요구해서 그 체계를 살펴봤다면 다음 단계는 당신의 조직 문화에 잘 적응하도록 그 가능성을 최대화하는 것이다.

후보자의 핵심 가치를 상호보완적 자질과 교차 대조해서 더 확실하게 확인하는 것도 가능하다. 누군가가 정의감을 가졌다면 이를 반영하는 다른 가치 역시 주장해야 한다. 예를 들어, 운동가나 용감한 사람, 도전자의 기질이 있다면 불공평한 상황을 만났을 때 단호하게 나서서 목소리를 낼 수 있어야 한다.

이런 가치를 지닌 이들에게도 갈등 요소는 잠재되어 있다는 사실을 잊어서는 안 된다. 우리 주변에는 항상 동의하지 않는 사람들이 있기 마련이다. 그저 갈등을 잘 관리하여 그 부정적 영향을 효과적으로 줄이는 방법을 배우려는 것이다. 이때 '가치 제시'는 우리에게 많은 도움을 준다.

나는 최근에 면접 절차의 마지막 단계에 있던 젊은 지원자 릴리 왓슨에게 소중히 생각하는 가치관이 있는지를 물었다. 다른 많은 사람처럼 처음에는 확실한 대답이 없었다. 하지만 생각을 좀 해본 후에 그녀는 친구들과 서로 가깝게 지낼 수 있는 이유에 대해 토론했던 기억을 끄집어냈다. 그녀가 내놓은 대답은 친절이었다. 생활비가 많이 들어가는 도시 런던에서 한 무리의 빈털터리 밀레니얼 세대가 어떻게 서로 도와가며 생존했는지를 생생하게 설명하며 친절이라는 가치의 중요성을 강조했다. 그들은 면접을 위한 옷가지, 잠잘 곳, 음식을 나눴고, 그중에는 자원봉사를 하다가 만난 이들도 있었다. 나는 그들을 하나로 묶는 친절의 힘에 감명을 받았다.

기업 부문에서 이 가치의 중요성을 강조한 적이 있었을까?

분명 FTSE 100 기업에서는 찾아볼 수 없었다. 우리 삶에서 흔히 만날 수 있는 덕목이긴 하지만 조직 생활에서의 가치 체계에서는 흔하지 않다. 그 사건은 내게 신선한 충격이었다. (릴리는 일자리를 얻었다.)

의심할 여지없이, 기업 내부에 친절이 늘어나면 세상은 더 나은 곳이 될 것이다. 바다에 떠다니는 플라스틱이 줄어든다는 의미일 수도 있고 젊은 친구들이 일자리를 찾을 때 덜 방황할 수 있다는 의미일 수도 있다. 폭스바겐 자동차 회사에 '친절'이라는 가치가 충만했다면 2015년 배출가스 스캔들[3]을 초래하는 일은 없었을지도 모른다. 폭스바겐은 의도적으로 속임수를 쓴 것으로 드러났다. 당시 폭스바겐이 고객과 환경을 배려했다면 있을 수 없는 일이었다.

스캔들의 영향으로 폭스바겐은 회사의 가치 체계를 재편하기 위해 팀을 꾸려 본격적인 컨설팅을 실시했다. 2017년 말이 되자 모습을 드러낸 6가지 가치 중에서 과거의 규범과 비교해 용기와 진실이라는 2가지 덕목이 유난히 두드러졌다. 실수를 인정하고 드러내는 문화를 구축하기 위한 열쇠는 분명 용기다. 두 번째는 당연했어야 하는 조직의 모습을 갖추지 못한 실패를 한탄하는 것처럼 보인다. 또 미래에는 그러지 않아야 한다는 다짐이기도 하다. 로저스 식 자기실현의 실제 사례로도 볼 수 있다. 물론 이는 '가치 제시' 연습의 최종 목표다.

---

3 폭스바겐은 청정 기술을 개발했다고 발표했지만, 실제로는 법정 허용치의 40배에 달하는 공해를 배출했다.

가치 제시는 어떻게 세상을 바꿀까?

세상 모든 곳에서 벌어지는 갈등의 원천은 조직 문화에 있다. 전쟁은 지도자나 정부, 정치 집단 사이의 분쟁 때문에 일어난다. 지구 온난화는 고객을 위해 환경을 보호해야 하는 의무와 주주들에게 수익을 돌려줘야 한다는 대기업의 의무가 서로 갈등을 일으키는 것이 원인이다. 대개 앞의 의무가 뒤의 의무에 패배한다.

굶주림은 단지 불운이나 좋지 않은 기후, 지형뿐 아니라 대기업, 정부, 자선단체, NGO, 세계은행, 국제 무역 및 경제 단체, 투자자 그룹, 특허 소유자, 생산자조합, 농민조합 등의 상충되는 이해관계로 인해 발생한다. 모두 조직의 문제다.

그러나 개인이 영향을 미칠 수 있는 작은 문화를 하나씩 긍정적으로 개선해나가면 세계적 규모의 갈등이 야기하는 악영향을 다 함께 줄일 수 있다는 것이 내 희망 사항이다. 거시적인 문제에 대한 미시적 접근이다.

소규모 팀을 관리하든 글로벌 조직을 관리하든, 그룹에 속한 일원이든 관리자로서 운영하든, 개인적으로든 직업적으로든, 어떤 목표의 조직에 속해 있든지 상관없다. '가치 제시'를 이해하고 실행함으로써 우리는 더 큰 협력과 조화의 세계를 열어갈 수 있다.

다윈이 갈라파고스에서 발견한 작은 새, 핀치새들한테서 배우자.

3단계

I
Don't
Agree

조직은
왜 협업에 매달리는가

———————

보고서를 보면 협업 프로젝트는 대부분 실패한 것으로 나온다. 굳이 말하자면 대부분 실패했다는 것은 적어도 한두 번은 성공한다는 의미이긴 하지만, 이 정도 성공을 바라며 협업을 계속 시도하는 것이 과연 남는 장사일까?

협업은 말처럼 쉽지 않다. 모든 사람이 하나의 비전으로 단결하는 것은 결코 쉬운 일이 아니다. 어떤 팀이든 대개 거기에 모인 각각의 개성들이 부딪히면서 와해될 위험이 있다. 특히 능력이 뛰어난 이들을 한곳에 모으는 '캐릭터 쌓기'에 집착한다면 그 위험은 극대화된다(뛰어난 업무 성과를 내기 위해 탁월한 능력의 소유자들로만 팀을 구성해야 한다는 믿음을 나는 이렇게 표현한다).

이런 경우 갈등이 끓어오르기 쉽다.

또 다른 어려움은 조직 내에 협력, 협업, 협동심 등등, '협'으로 시작하는 단어들이 지나치게 남발되는 것이다. 나는 무의미하게 반복되는 이 말을 들을 때마다 신경이 곤두섰다. 가능하기만 하다면 자신이 먹는 감자칩에도 서로 협력하라고 강조할 것 같은 CEO와 일한 적이 있다. 그는 이해하기 힘들 정도로 이 단어를 반복해서 마치 주술을 바라며 주문을 외는 것 같았다.

맙소사!

그가 핵폭탄을 투하했어.

번번이 실패하면서도 왜 협업에 집착할까?

앞 장에서 언급한 메이틀랜드 보고서는 FTSE 100 기업 중 28개 사가 협동심(또는 가장 근접한 가치인 팀워크)을 주요 기업 이념 중 하나로 내세웠다고 밝혔다. 지난 2012년 IBM이 1,709명의 글로벌 경영진을 대상으로 한 조사에서도 75퍼센트의 CEO가 협업을 미래 성공의 비결로 보았다. 또 채용에서도 주요하게 평가하는 요소라고 밝혔다.《포브스》 선정 1000 기업 중 다수도 그들의 가치 체계에 협업을 포함시켰다. 우리가 이 덕목에 집착하는 것은 분명해 보인다. 조직의 최고위층에 있는 이가 글을 쓰거나 연설을 할 때면 협업은 가장 빈번하게 등장하는 단어일 것이다.

그런데 우리는 정말 협력을 잘하고 있을까?

협업에 집착하는 것은 그만큼 실제 기업 현장에서 성공적으로 협력하는 모습을 찾아보기 어렵기 때문이다. 우리는 협력을 전혀 잘하지 못하고 있다. 협동심은 운명을 바꿀 잠재력을 가지고 있지만, 협동심을 어떻게 발휘해야 하는지 몰라 우리는 수시로 갈등을 빚는다.

정치계도 마찬가지다. 목청 큰 사람들이 한군데 모이면 승부는 결정 난 것이나 다름없다. 심지어 왼쪽이나 오른쪽으로 살짝 벗어난 의견조차 공격의 대상이 된다. 다수의 의견 뒤에 있는 안전한 공간으로 숨으라고 재촉한다. 악명 높은 소셜미디어의 버블 효과다. 그러나 많은 사람은 정치가들이 그런 갈등을 넘어 합의를 이루어내고 초당적으로 협력하여 우리 사회의 큰 문제들을 해결할 수 있기를 바란다. 제발 그들이 집단 이기심에 얽매이지만 않으면 좋을 텐데! 여기서도 협동심이란 폭죽처럼 연달아 터지는 갈등의 조롱 대상일 뿐이다.

나 역시 다른 이들처럼 하늘에서 터지는 폭죽만 올려다보며 조롱을 받아왔다. 뒤에서 더 설명하겠지만, 최근에 읽었던 보고서에도 그룹 협업 프로젝트가 대부분 실패했다고 나와 있다. 굳이 말하자면 대부분 실패했다는 것은 적어도 한두 번은 성공한다는 의미이긴 하지만, 이 정도 성공을 바라며 협업을 계속 시도하는 것이 남는 장사일까?

리더라면 누구나 조직 내부의 협력이 잘 이루어질지, 아니면 실패할지를 미리 알아채는 예지력을 갖고 싶어 한다. 그렇게만 된다면 보장된 성공을 위해 전력을 쏟을 수 있을 것이다. 그런 성공이 조직 문화에 끼칠 긍정적 영향을 상상해보라. 사기는 하늘을 찌를 테고, 조직의 내부 정치에 따른 대인관계 피로감은 확연히 줄어들 것이다. 더는 억지로 하이파이브를 할 필요가 없어지면 조직 내의 모든 사람이 자기 업무에 집중해 성과를 내고 자신의 성장도 끌어올릴 수 있다.

이것은 상상 속에서나 가능할까? 과연 성공을 가로막는 장애물을 치워버릴 수 있을까?

협업을 가로막는 장애물

위에서 언급한 보고서에는 성공적인 협업은 우리의 통념을 넘어설 수 있다는 설득력 있는 사례가 들어 있다. 적어도 기본 이해의 틀을 갖추지 못했다면 더욱 그렇다. '공급망 협업이 실패한 이유(관계 전략 저항에 대한 사회구조적 분석)'라는 제목의 이 보고서는 6년 동안 유럽과 미국 소재 106개 기업을 조사한 결과를 보여준다. 전문적인 연구처럼 보이는 제목이긴 하지만 그보다는 훨씬 더 폭넓고 중요한 의미가 담겨 있다.

협업을 가로막는 구체적인 장애물 2가지가 나타난다.

장애물 1. 낮은 기대

관리자들은 협업의 성과를 미리 평가하려고 했다. 결과적으로 투자 수익률이 안 나오면 미래 협업 전략의 가치가 떨어졌다. 기업들은 '특별히 기대할 만한 성과를 낼 수 없는 협업을 위해 부족한 자본을 투자했다.' 이런 실패가 어떤 영향을 낳을지 예측하는 것은 그리 어렵지 않다.

장애물 2. 개인적 업무 영역

73퍼센트의 기업은 개인적 업무 영역과 그에 따른 다툼을 가장 큰 장애물로 꼽았다. 이 보고서는 협업의 상대방이 판에 박힌 업무 방식에서 벗어나지 못하는 사례를 강조한다. 고위 관리자들의 생생한 증언이 담겨 있다.

"사람들은 어떤 결정이 회사 전체에 이익이 될지를 고려하기보다는 누가 영광을 차지하고 비난을 받을지를 더 걱정합니다."

나는 특히 이 부분에 공감했다. 최근에 친한 동료에게 협업 프로젝트를 함께하자고 제안한 적이 있다. 그의 시선이 먼 곳을 바라보며

아득해졌다. 그러더니 갑자기 고개를 돌려 위 그림과 같이 답했다.

그의 반응은 충분히 이해할 수 있었다. 그는 이미 크게 데인 적이 있었기 때문이다. 우리 업계에서는 여러 전문 기업이 통합 마케팅 광고를 진행하기 위해 고객의 요청에 따라 함께 모일 때가 종종 있다. 나는 이런 협업을 희망과 두려움이 3 대 1로 섞인 상태라고 본다.

흥미로운 사업의 기회가 될 수도 있지만 인간 본성과 관련된 갖가지 위험한 지뢰가 곳곳에 숨어 있는 힘든 여행길이 될 수도 있다. 예를 들어, 한 파트너가 마감 시한을 맞추지 못하는 등의 사소한 문제조차도 모든 참여자에게 안전지대로 도망가려는 집단행동을 불러일으키고, 다른 참여자를 반복해서 공격하는 비난의 발톱이 된다. 일단 이러한 상황이 발생하면 문제가 쌓이기 시작하고 이를 관리해 정상으로 되돌리기 위한 에너지는 협업의 이점을 상쇄해버린다.

보고서의 조사 결과를 차치하더라도, 완벽한 협업에 이르는 데는 또 다른 장애물들이 있다. 내 경우 가장 조심해야 할 곳은 두 세계가 만나는 교차점이었다.

수직과 수평의 세계가 충돌할 때

나는 협업을 수평적인 영역이라고 생각한다. 참여한 조직들은 같은 목표를 달성하기 위해 파트너십으로 나란히 위치해서 일해야 한다.

각 파트너에게는 협업의 바깥 영역에서 해야 할 일상적인 업무, 즉 달성해야 할 예산 목표와 지켜야 할 순이익이 있다. 나는 이를 수직적인 개념으로 생각한다.

수평과 수직이 만나는 교차점에서 갈등이 생겨난다. 만약 낮은 분기 실적, 고객 위기, 또는 반대로 모든 직원이 투입돼야 하는 높은 분기 실적 등으로 수직적 요구가 많아지면 수평적 업무는 뒤로 밀려난다. 만약 협업에 투자하는 인력이나 자본을 줄여야 한다면 다른 파트너는 고깝게 생각할 수 있고, 특히 그 공백을 메워야 하는 당사자의 원망이 커질 수도 있다.

또한 수직적 업무에서 높은 성과를 내기 힘들기 때문에 협업에 쏟은 시간을 정당화하기 위해 공동의 성과에서 자신의 몫을 극대화하려는 유혹을 받는다는 사실도 발견했다. 심지어 다른 파트너들을 적극적으로 음해하거나, 상대방의 실수에 대해 도를 넘는 비난을 퍼붓기도 했다. 나는 그런 상황을 겪어왔다. 무척 고통스러웠다. 내 자신이 그런 행동을 주도한 적도 있다. 결국 업보로 돌아온 것이다.

다시 보고서로 돌아가서, 73퍼센트의 기업이 파트너끼리의 중요 정보를 공유하지 않은 것을 협업 실패의 원인으로 꼽은 부분은 눈살을 찌푸리게 했다. 동시에 63퍼센트는 모두가 서로의 이익을 위해 최선을 다할 것이라는 믿음의 부족을 실패의 원인으로 꼽았다. 만약 이런 원인들이 사실이라면 그 이유는 분명 영역 다툼이다. 틀에 박힌 이기적 업무 처리 방식이다. 분명 나도 이 부분에서 유죄다.

이는 집단 사이의 협업에서만 일어나는 일들이 아니다. 개인 간 협업의 갈등 역시 수직과 수평 영역의 교차점에서 문제가 시작된다. 의견 불일치를 순조롭게 해소하려면 수평면에서의 공동 목표인 오직 협력이라는 과정을 통해서만 가능하다. 각 당사자의 수직면에서 이에 대항하는 요소는 개인적 선입견, 추측, 탐욕, 궁핍이다. 이전 장에서 논의한 바와 같이 유년 시절부터 길러진 경쟁하고 싶은 충동, 주목받고 싶은 욕구, 잘 훈련된 갈등 능력은 말할 것도 없다.

그래서 성과가 기대되는 협업 프로젝트를 제안받았다 하더라도 "내게 무슨 이득이 있는데?"라고 의문을 제기하는 내 친애하는 동료를 누가 탓할 수 있겠는가.

불완전한 인간을 위한 체크리스트

잠시 성경 문구를 인용하겠다. 정확히 「누가복음」 4장 23절이다.

"의사야, 너 자신을 고치라"라는 고대 그리스 속담이 있다. 그리스 학자였던 누가는 예수가 고향 회당에서 설교하기 위해 나사렛으로 돌아왔다는 말을 전하면서 이 구절을 언급했다.

예수는 약간 들떠서 모두에게 자신이 신의 아들이라고 말한다. 짧은 시간 동안 침묵이 흐른 후, 예수를 어렸을 때부터 알고 있던 주민들은 가난한 목수의 아들이 하는 주장을 도저히 받아들일 수 없었고 그래서 화가 났을 것이다.

누가에 따르면 예수는 이렇게 말했다. "너는 분명히 이 속담에 이르리라. '의사야, 너 자신을 고치라.' 우리가 가버나움에서 들은 것은 무엇이든지, 여기 네 땅에서도 행하여라." 가버나움은 갈릴리 호숫가 가까이에 있는 마을이었다(지금도 그렇다). 예수가 그곳에서 눈먼 나환자를 고치자 메시아가 나타났다는 소문이 나사렛에 퍼져 나갔다. 하지만 나사렛 사람들은 어릴 때부터 잘 알던 눈앞의 예수가 하나님의 아들이라는 생각을 도저히 할 수 없었다. 그들은 증거로 기적을 행할 것을 요구했다.

그 당시 웨딩 DJ보다 더 슈퍼스타였던 예수는 요구를 받아들이지 않았다. 화가 난 주민들은 신성모독죄로 그를 죽이려 했다. 예수는 갈등을 불러일으켰다. 누가가 전달하려고 한 점은 심지어 메시아조차도 스스로를 점검할 필요가 있다는 것이다.

예수가 인용하기 훨씬 이전부터 이 문구는 위선을 경고하기 위해 쓰였다. 다른 사람을 지적하기 전에 자신에게 잘못은 없는지를 먼저 잘 살펴보라는 의미다. 메시아 지망생뿐만 아니라 성공한 지도자가 되고 싶은 이들에게도 꼭 필요한 조언이다. 또한 협업에 어려움을 겪는 우리도 그냥 지나쳐서는 안 될 문구다.

스스로의 결점을 살필 때, 쉽게 인정하지 못하는 측면이 우리 본성에 존재한다는 사실을 인식하는 것이 무척 중요하다. 때로는 인간 본성에 어쩔 수 없는 결함이 있다는 사실을 떠올리는 것이 중심을 잡는 데 도움이 된다. 그렇지 않으면 결국 스스로가 완전무결한 신성의 자손이라고 마냥 우겨댈 수도 있다.

이를 피하는 간단한 방법이 있다.

복잡한 일을 해결하는 체크리스트의 힘

내가 심리학에 조예가 있는 것은 아니지만 대부분 사람이 자신의 약점을 충분히 안다고 확신한다. 비록 좋아하거나 사랑하는 사람 앞에서 자신의 결점을 잘 인정하지는 않더라도 중요한 것은 자기 스스로 인정하는 것이다. 자신의 결점을 인정하고 나면 그것을 순서대로 나열해보는 것은 쉽다. 이렇게 해야 하는 몇 가지 이유가 있다.

미국 외과 의사이자 건강 전도사, 작가인 아툴 가완디Atul Gawande는 2008년 출판된 베스트셀러『체크! 체크리스트』(21세기북스, 2010)에서 점검 목록을 작성하고 확인하면 항공이나 대규모 건설, 그리고 자신의 직업인 의료 분야에서도 얼마나 인상적인 결과를 얻을 수 있는지를 보여주었다.

가완디가 글을 쓸 당시에는 연간 2억 3천만 건의 외과 수술이 이뤄지고 있었다. 평균적으로 700만 명의 사람들이 장애인이 되었고 100만 명의 사람들이 치료 과정에서 발생한 합병증으로 사망했다. 그는 이를 인간의 실수와 부주의 탓이라고 봤다. 겉으로 보기에 익숙한 세부 사항들이 쉽게 간과되거나 생략될 때가 있는데, 실력 있는 의료진이라 하더라도 지나치게 환자에게 몰두한 상황에서 압박을 받으면 실수가 발생하곤 했다.

『체크! 체크리스트』에 따르면, 외과 수술에는 2,500가지가 넘는 절차가 있다. 갖가지 다른 절차를 관리하는 치료 팀은 중환자실에 있는 모든 사람에게 매일 평균 178가지의 조치를 취한다. 여러 분야의 전문가들이 쉽지 않은 업무 환경에서 종종 타인과의 소통 없이 고립된 상태에서 이런 조치들을 한다. 조사 결과에 따르면 의사와 간호사는 이런 행위 중 1퍼센트 선에서 오류를 범했지만, 1인 기준으로 환산하면 거의 매일 두 번씩 실수를 하는 셈이었다.

예를 들어, 심장으로 혈액을 돌려보내는 가슴에 위치한 대정맥에 삽입하는 카테터(환자의 소화관이나 방광, 기관지, 혈관의 내용물을 빼내기 위해, 혹은 반대로 약제나 세정제 등을 신체 내부로 주입하기 위해 쓰이는 고무 또는 금속제의 가는 관-옮긴이)가 있다. 화학요법이나 다른 약을 투여할 때 사용한다. 카테터 시술을 위해 30초 동안 비누로 손을 씻은 다음, 소독약으로 환부를 깨끗하게 닦아내고, 멸균 가운을 입는 등의 5개 체크리스트를 마련하여 실험해보니 감염 사례가 11퍼센트에서 0퍼센트로 줄었다. 달리 표현하면, 43명의 감염자와 8명의 사망자를 구제했고, 병원은 200만 달러를 절약했다.

처음에는 병원에서 이 목록을 받아들이려고 하지 않았다. 이 목록이 전문적인 부분이 아니라 가장 기본적인 업무를 담고 있었기 때문이다. 고도로 숙련된 기술과 지식을 얻기 위해, 또 현장에 적용하기 위해 긴 시간을 보낸 전문가들은 이런 초보적인 점검 목록을 모욕적으로 받아들였다.

하지만 결과는 놀라웠다. 그중 한 사례는 모두를 놀라게 했다(적절한 소독약 처치를 한 경우). 이 방법은 이 책의 골치 아픈 주제인 협력에도 유효했다.

세계보건기구(WHO)를 위해 가완디는 19개 항목의 점검표를 만들었다. 환자가 누워 있는 수술대 주변에 모인 여러 의료 전문가들이 원활하게 협력할 수 있도록 하기 위해서였다.

의료진이 가진 전문 지식이 모였으니 협력은 저절로 이루어지고 위태로운 생명 앞에서 우왕좌왕하는 일은 일어나지 않으리라 생각할 수도 있다. 그러나 미국, 이스라엘, 이탈리아, 독일, 스위스의 수술실 직원 1,000명을 대상으로 조사한 결과, 마취 레지던트 10퍼센트와 간호사 28퍼센트, 마취과 전문의 39퍼센트만이 수술할 때 높은 수준의 팀워크를 느낀다고 답했다. 반면 참관이 가능한 큰 수술실에서 전 과정을 지휘하는 외과 전문의는 높은 수준의 팀워크를 느낀다고 답한 비율이 64퍼센트였다.

왜 이런 차이가 발생할까? 계속 부르짖다 보면 언젠가 협력이 이뤄질 것이고, 이미 협력의 결과가 나타나고 있다고 강변했던 나의 전 CEO가 떠오른다. 가완디는 자신이 큰 수술실에서 느꼈던 팀워크는 설계된 결과라기보다는 행운에 가까웠다고 생각했다. 그는 의료 관련 일이 워낙 복잡하여 전문성에 따른 업무 간 장벽이 생겨 협력이 어렵다고 설명했다. 이는 고도로 숙련된 사람들이 자신의 세부 영역에만 머물게 하는 결과를 낳았다.

나는 여기서도 개인의 수직면이 협력이라는 수평면과 충돌한다고 본다. 외과 전문의들이 수술실에 가운을 갖춰 입고 들어설 때 환자를 포함한 모든 인원이 평정심을 갖추고 수술을 위한 집중 상태에 있기를 바란다는 점을 알았을 때 이를 확신할 수 있었다. 외과 전문의는 수술 팀 구성원 이름을 모를 수도 있다. 이는 흔한 일이다. 이런 형태는 협업이 아니라, 지휘와 통제 관계로 보아야 한다.

어떤 종류의 협업이든지 구성원의 이름을 숙지하면 생산성이 효율적으로 증가한다는 사실이 밝혀졌다. 가완디는 바로 이 부분을 WHO 안전 수술 체크리스트에 포함했다. 첫 번째 피부 절개가 이루어지기 전에 체크리스트는 수술실의 모든 구성원이 자신의 이름과 역할을 소개했는지 확인하게 한다. 그런 다음 수술 팀은 절차의 세부 사항과 조심해야 할 부분, 그리고 최종 목표를 확인한다. 그중에는 환자가 수술 팀 구성원의 신원과 수술 부분, 절차를 인지했고 또 수술에 동의했는지를 확인하는 목록도 포함돼 있다.

이는 계속해서 말로 확인, 확인, 확인하는 일이다. 그리고 이를 통해 팀워크가 형성된다.

이 장을 집필하는 도중에 우연히도 난생처음 수술을 받았다. 수술실로 휠체어를 타고 들어가는 순간 의료진이 이런 모든 질문을 주고받는 것을 보며 잠시 안도의 기쁨을 느꼈다.

가완디의 이러한 생각은 대학병원에 처음 체크리스트를 도입한 피터 프로노보스트Peter Pronovost에게서 영감을 받았다. 그는 수술 전에 구두 확인 절차를 거친 팀 구성원들이 '잘 조직된 팀으로서 기능한다'고 인식할 확률이 92퍼센트에 이른다는 사실을 발견했다. 캘리포니아 카이저 병원의 연구원들은 3,500번의 수술에 사용된 체크리스트를 조사했는데, '평균'이던 팀워크에 대한 평가가 '우수' 등급으로 올라간 사실을 확인했다. 그 밖에도 간호사의 심리적 안정 등을 포함한 여러 긍정적인 효과도 많았다.

간단한 체크리스트가 만들어낸 기적이다!

자신만의 점검 목록 작성하기

외과 의사에게 미리 손을 씻으라는 간단한 점검이 감염을 줄이는 데 극적인 영향을 미쳤다면, 나쁜 습관을 미리 확인하는 목록을 만들어 규칙적으로 점검하는 것 역시 강력한 효과를 거둘 수 있다. 갈등 해결이나 협업에 들어가기 전에 시간을 들여 미리 점검 사항을 떠올려본다면, 그저 잠깐 머릿속으로 떠올려보는 것이 전부일지라도, 미숙한 행동이나 발언을 덜컥 내지르는 실수를 줄일 수 있다. 위에서 본 외과 의사처럼 수평면의 목표가 잘 이루어지도록 우리도 손에 묻은 이런저런 흠을 깨끗이 씻어낼 수 있다.

각자의 목록에 어떤 사항이 포함되어야 할까. 앞에서 제시한 '가치 제시' 연습을 했다면 내면에 존재하는 부정적 측면은 자신이 열망하는 가치관의 정확한 반대 지점, 즉 영혼 속 어둠의 거울에 비친 잔상임을 알았을 것이다. 예를 들어 진정 협력하는 사람이 되고 싶다면, 그것은 아마도 스스로가 경쟁심이 강하다고 인정하는 것일 수도 있다.

가까운 친척이나 파트너에게 도와달라고 부탁하는 방법도 있다. 자신의 단점을 속속들이 알면서도 존중해주는 이라면 누구라도 괜찮다. 다만 목록을 간략하게 작성할 정도로 예의가 있다면 더 좋겠지만.

나는 10대인 둘째 아들 프레디에게 내 성격의 단점을 적어달라고 부탁했다. 그는 잠시 고민하더니 내가 성급하게 화를 내고 용돈에 인색하다고 써 내려갔다. 별안간 자세를 바로잡더니 쉬지 않고 뭔가를 적었다. A4 한쪽 면이 다 채워지려는 순간 나는 그만 멈춰달라고 요청했다.

다행스럽게도 대부분은 자신에게 단점이 그리 많지 않다는 사

실을 알 것이다. 하지만 목록이 조금 길어진다고 해도 걱정할 필요는 없다. 원하는 목적을 이루려면 모든 항목에 집중해서는 안 된다. 또한 목록에 쓰인 내용 중 긍정적인 측면도 많다는 것을 알게 될 것이다.

나는 목록 중에서 2가지 정도에 집중하면 도움이 되리라 생각했다. 언제나 옳기를 바라는 내 성향과 그에 따른 경쟁적인 태도가 문제였다. 항상 화제의 중심에 있고 싶은 욕망도 마찬가지였다. 시쳇말로 나는 '관종(관심종자, Attention Seeking Disorder)'이었다. 광고업계에서 이런 사람은 흔하지만 정식 진단서는 끊지 못하는 질병이었다.

목록을 작성하는 것과 이를 활용하는 것은 다른 문제다. 갈등 상황에 대비하여 적극적으로 목록을 미리 검토하는 것은 압박을 받을 때 나쁜 습관을 억누르는 데 큰 도움이 된다. 하지만 이를 매번 떠올리기가 쉽지만은 않다. 여기에 대한 해결책도 있다.

목록 점검을 리추얼로 만들어라

성공한 사람들은 습관이 성공의 열쇠라고 주장한다. 의심이 간다면 구글링을 해보라. 스티브 잡스는 매일 아침 침대를 정돈한 후 거울에 비친 자신의 눈을 응시하며 '오늘이 인생의 마지막 날이더라도 예정된 일을 처리할 것인가'를 자문하곤 했다. 만약 그의 내면에서 들려오는 목소리가 계속해서 그렇지 않다고 대답한다면 그는 근본적으로 상황을 바꾸기로 마음을 굳혔을 것이다.

약간 미화된 이야기일지 모르지만 이런 작은 아침 리추얼은 그에게 분명 도움이 된 것 같다. 여기서 리추얼ritual이란 아침 명상이나 운동, 자기 전 글쓰기 등 규칙적인 습관을 기르는 의례를 말한다.

가완디의 체크리스트도 비슷하다. 비록 진부하고 재미없는 일이라고 생각할지 몰라도 현실에서 벌어지는 실수를 줄여준다. 동료 의식을 만들어줄 뿐만 아니라 팀 내부에서 자신의 역할과 앞으로의 임무를 숙고하게 해준다. 그의 체크리스트는 의례적인 성격이 강했다. 그가 증명했듯이 조직 문화를 개선하는 데 효과적이었고 어떤 상황에도 적용할 수 있었다.

잡스나 가완디가 똑같지 않듯이, 내가 앞서 설명한 나의 결함을 적는 것은 분명 내게는 효과가 있었다. 다른 사람에게는 조금 이상할지 몰라도 나만의 독특한 개인적 목록이니까.

따라서 갈등을 해결하기 위한 첫 단추는 문제가 무엇인지 서로 이야기를 나눌 수 있는 대화 자리다. 나는 이런 일이 순조롭게 진행되는 사무실을 상상한다. 그리고 문 바깥에 외투를 걸어두는 옷장 이미지를 만들어낸 후 내 성격의 단점을 벗어서 담당 집사에게 건네준다고 생각한다. 옷장 집사를 내 아내 케이티라고 상상할 때 특히 효과가 좋았다.

먼저 코트를 벗는다. 어떤 그룹에 속해 있든 치열하게 경쟁하려는 충동을 지닌 내 오래되고 친근한 성향이었다. 넓은 어깨와 패딩을 덧댄 팔꿈치가 있는데, 앞에 서 있는 누군가를 밀쳐내기에 좋았다. 케이트는 대개 코트를 받아 든 뒤 눈썹을 치켜뜬다. 아직 벗을 옷이 남아 있다는 채근이었다. 그녀는 나를 너무 잘 알았다. 코트 아래에는 화려한 보라색 턱시도 재킷이 종종 보였다. 나는 이 옷을 '내 모든 것'이라고 부른다. 실제 비슷한 조끼가 있어서 시상식 같은 곳에 입고 가곤 했었다. 그때마다 매번 사람들의 주목을 받았었다. 내 마음의 눈에서 이를 벗어 케이티에게 건넨다는 것은 어떤 모임이든지 누군가의 성향에 부당하게 영향을 받지 않을 수 있는지를, 또 자신의 자아를 벗어 옷장에 맡겨놓는 방법을 어떻게 알 수 있는지를 진지하게 생각하게 만든다.

이 훈련은 내 성격 중 모난 부분을 뒤에 남겨두고 다른 사람들의 생각과 의견을 겸허히 받아들일 수 있게 해준다. 대개는 이 2가지 옷을 벗는 것으로 충분하지만 각 만남의 특성에 따라 추가적으로 벗어야 할 옷들이 생길 수도 있다.

냉소주의 역시 벗어야 할 옷일 수 있다.

여기에는 몇 가지 이유가 있는데, 사람들이 자신의 영역을 지키려 텃세를 부리거나 모든 영광이 자신의 것이라고 우기는 성향이 있음을 기억해야 한다. 어느 정도 자연스러운 냉소주의는 인간이라는 종이 진화하는 데 필수일 수도 있지만 나는 이 특성을 뱀파이어가 입는 커다란 붉은 깃이 달리고 반짝이는 검은색 망토라고 생각한다. 너무 많은 냉소주의는 모든 노력의 피를 빨아들여 생명을 빼앗는다. 이런 망토의 특기는 한번 폼나게 휘날려서 모든 노력의 성과를 날려버릴 수 있다는 것이다.

이 의례의 영향은 양면적이다. 어떤 협상에서는 더 유리한 성격을 앞에 내세우기 위해 몇 가지 특성의 옷을 오히려 입을 수도 있다. 만약 약간의 끼를 부려야 할 필요가 있다면 이를 옷으로 상상해라. 어떤 종류의 옷이어야 할지 그 이미지를 상상해보는 재미가 있다. 그런 다음 몸에 걸치면 된다.

체크리스트를 언제 활용할까?

체크리스트는 성격적 결함을 보완해주는 효과적인 전략이다. 나는 사무실에 들어가기 직전 목록을 점검하는 의식儀式을 행한다. 사무실 문으로 고객을 관찰해 내가 어떤 옷을 입거나 혹은 벗을지 결정한다.

일단 대기실에 앉아 그를 기다리며 전면 유리 벽을 통해 분주한 사무실 내부를 들여다보았다. 움직임에 반응하는 센서 등이 희미해져 있었다. 유리 벽 뒤에 앉아 있는 내가 투명인간이 된 듯한 느낌이었다. 사무실에 들어오려던 그는 몇 초 동안 문앞에서 맴돌았고, 한 손은 문 손잡이에 다른 손은 얼굴에 갖다 댄 후, 고개를 뒤로 돌려 어깨 너머를 살핀 뒤, 병뚜껑을 돌리듯이 코를 앞뒤로 비트는 행동을 반복했다. 그런 다음 뭔가를 떼어내 재킷 주머니에 담은 뒤 방 안으로 들어와 내 무릎 위에 놓인 노트북을 쳐다봤다. 나는 그의 행동을 주시한 사실을 들키지 않으려고 갑작스런 인기척에 놀란 척했다.

자꾸만 그의 행동이 생각났다. 의식을 치르는 듯이 보였지만 과연 무슨 의미를 가진 행동이었을까? 그렇다고 물어볼 수도 없었다. 고객을 난처하게 해서는 안 되니까 말이다.

한참 뒤에 커피 한 잔을 마시면서 골똘히 생각한 뒤에야 깨달았다.

이 일에 처음 발을 들여놓을 무렵 상사가 왜 항상 모든 사람의 호감을 받으려고 애쓰는지 물은 적이 있었다. 미팅 자리에서 긴장을 풀기 위해 항상 코미디언 역할을 마다하지 않는 나를 보고 한 말이었다. 그때 일을 떠올리자 아까 그 고객이 자신의 얼굴에서 빨갛고 둥그런 광대 코를 제거한 것은 아닌가 하는 생각이 스쳤다.

협력은 단단한 호두 껍데기를 부수는 일

좋은 의도로 시작했음에도 공동의 목표를 달성하기 어려운 까닭,

의미 있는 협력을 향한 열망, 핵폭탄에 대한 우리의 집착 등을 추적해 살펴보았다. 의미 있는 협력을 방해하는, 갈등 유발 요인을 몇 가지 찾아냈다.

- 실제 업무에 돌입하기 전에 협력의 가치를 측정하거나 평가할 수 없는 상황에서 계속 밀고 나가는 경우.
- 인간의 본성 중 도움이 되지 않는 측면으로 후퇴하는 경향, 즉 성공을 평가하는 기준이 합의되지 않았을 때 나타나는 영역 다툼.
- 수직면의 목표와 수평면의 목표가 충돌하는 지점의 긴장감.

연구에 따르면 이러한 장애 요인을 한 번의 충돌 지점에서 극복하는 것은 쉽지 않다. 여러 번 시도한다 해도 해결하기가 만만치 않은 일이다. 협업은 복잡한 성향을 지닌 맹수와 같다. 우리가 물리적으로 해내야 할 과제이면서도 또한 추상적 가치와 열망이기도 하다. 그렇게 단단한 호두 껍데기를 부수는 것처럼 어려운 일임이 틀림없다.

하지만 상상 속 식탁 서랍 안에 호두까기 인형이 들어 있는 것처럼 분명 해결책이 있다.

가완디는 체크리스트를 활용하면 업무의 효율뿐만 아니라 일의 성공과 실패, 나아가 사람의 생사도 좌우한다고 말한다. 성공을 위해 우리가 어떤 조치를 취해야 하는지 분명하게 떠올리게 한다. 또한 파국으로 이어질지 모를 갈등을 막고 실패할 확률을 줄이는 데 도움을 준다.

가완디는 고도로 숙련된 전문가들이 실수하지 않도록 꼭 필요한 업무 위주로 체크리스트를 만들었다. 내 경우, 어떤 프로젝트에서 협력의 중요성과 갈등 해결이 시급할 때 간과하기 쉬운 몇 가지 요소로 체크리스트를 작성했다. 이는 굳이 우리가 관찰하지 않을 때 나타나는 자아에 도움이 안 되는 측면들이었다.

자신의 단점을 간략하게 목록으로 만들고, 지향하는 행동을 의식화하면 갈등이 줄어들고 더 나은 협력이 이루어지는 세상이 된다. 핵폭탄을 떨어뜨리기는커녕 안전하게 잡아낼 수 있다.

4단계

I
Don't
Agree

⟵⟶

자존심도
다이어트가 필요하다

조직과 그 안의 위계질서는 높은 지위로 올라가도록 자극한다. 이때 자존심
은 가장 강렬한 감정이다. 자존심에 큰 상처를 입는 일은 일상적으로 일어나
지는 않지만 회사 조직에서는 매 순간 자존심이 충돌하기 일쑤다. 본인이 중
요한 비즈니스 협상에서 판단 착오를 할 수도 있고 아무도 모르게 팀의 노력
을 물거품으로 만들 수도 있다. 또는 팀원 중 누군가가 자신의 성과를 과대포
장한다거나, 남의 아이디어를 훔치거나, 사소한 일로 신경전을 벌이는 등의
문제를 겪을 수도 있다. 이런 유의 갈등이 발생할 가능성을 줄이기 위한 첫 번
째 관건은 자기 통제다.

지금까지 의미 있는 협력을 방해하는 요소로 우리의 본능에 관해 살펴봤다. 의도하지 않은 감정 혼란은 갈등을 빚는 사람들 사이뿐만 아니라 하나의 팀으로 함께 일할 때 더욱 소모적인 방해물이다.

종종 엄청난 업무 부담에 긴장된 분위기가 고조될 때 또는 오히려 분위기를 끌어 올리기 위해 긴장감이 필요할 때, 약간의 열기는 정신을 집중시키고 각자의 업무에 탄력을 줄 수 있다. 분노라는 맹수가 우리 밖으로 튀어나올지도 모르지만 말이다.

비록 분노는 가장 기본적인 감정 중 하나지만 다른 여러 감정에 의해 촉발될 때가 많아서 독립적이지 않은 감정으로 여기는 것이 마음 편하다. 다른 감정들은 모두 분노가 갇힌 우리의 열쇠를 가지고 있으며 언제든 열어젖힐 수 있다. 가장 빈번하게 분노의 우리를 여는 것은 자존심이 상처받는 순간이다. 자존심은 언제라도 불타오를 준비가 된 불쏘시개와 같다.

성공 혹은 폭망으로 이끄는 복잡한 감정

자존심의 다른 얼굴인 자만심은 악명이 높다. 7대 죄악 중 하나이고 몰락으로 이끄는 감정이다. 관계를 완전히 망가트린다. 하지만 과학은 자존심이 여러 측면을 지닌다고 말한다. 수치심, 죄책감, 당혹감과 함께 대표적인 4가지 자의식 중 하나로 분류된다. 이 감정 그룹은 사회적 행동을 조절하는 데 도움이 되기 때문에 진화했다. 자존심은 인류의 조상이 수렵과 채집으로 생계를 이어가기 위해 작은 집단을 이뤄 살아갈 때 이타주의를 자극해서 생존 확률을 높이는 데 도움을 준 것으로 보인다. 역사책에서 그레고리 대제로 불리는 교황 그레고리 I세에게는 절대 용서할 수 없는 주장일지도 모른다.

기원후 590년에 그는 소위 극악한 죄악에 이름을 붙이고 그 경중에 따라 차트에 순위를 매겼다. 나는 절대 받아들일 수 없지만 색욕이 제일 먼저 명단에 올랐다. 반면 폭식과 탐욕은 두 번째, 세 번째로 포함되며 경쟁에서 밀렸다. 교만이 이 셋을 뒤이어 나태, 분노, 질투와 함께 교황의 선택을 받았다.

자존심이 사회적 지위나 권력, 성취를 추구하는 이면에 놓인 감정이기 때문에 교황의 가늠자에 걸려들었는지도 모른다. 이는 지나친 부의 과시나 공직자의 권력남용과 같은 불경스러운 행동으로 이어질 수 있다.

하지만 마찬가지로 지위의 추구는 더 높은 곳을 바라보기 위해 어려운 시험에 도전하는 것과 같은 긍정적인 행동으로 이끄는 동기가 되기도 한다.

이렇듯 복잡한 심리는 우리를 혼란스럽게 한다. 한편으로는 갈등을 일으키고 관계를 망치지만, 또 다른 측면에서는 자부심이 높은 수준의 근면 성실로 이어지는 것이다.

무엇이 본질일까?

과학은 자존심이 우리를 서로 으르렁거리게 하기보다는 협력을 이끄는 행동을 자극하기 위해 진화했다고 말한다. 그렇다면 자존심을 더 잘 이해한다면 우리 관계와 조직 문화에 긍정적인 방식으로 영향을 미치도록 자존심의 힘을 사용할 수 있을 것이다. 충돌은 줄어들고 협동심은 커지는 것이다.

자존심은 무엇에 쓰는 물건인고?

생활이 힘들 때 동료에게 도움의 손길을 내미는 것은 바람직한 행동이다. 특히 끼니를 잇기 힘들 때는 더더욱 그렇다.

빈민촌 거리의 무료 급식소에 늘어선 기나긴 줄을 설명하려는 것이 아니다. 다만 20만 년 전 수렵채집인 조상들의 환경 조건을 말하는 것이다. 그들이 살던 환경으로 돌아가보자. 다른 이들이 나를 챙기게 만들어서 생존 확률을 높이는 것은 당연한 일이다. 그렇게 하기 위해서는 존중받을 필요가 있다. 사실 본인 주변 사람들에게 존경받고 호의적인 평가를 받는 것은, 진화학에서 음식이나 거처, 또는 불을 피울 땔감을 찾는 방법 등과 동등한 자원으로 여겨진다.

알다시피, 오늘날에도 존중은 조직 생활이나 공동체에서 강력한 효과를 지닌 가치로 남아 있다.

2018년 몬트리올대학교와 캘리포니아대학교 샌타바버라 진화심리학센터(CEP)의 공동 연구 논문에서 자존심은 자신이 속한 사회적 집단으로부터 높은 평가와 존중을 받거나 그런 특성을 키우기 위해 진화해왔다고 밝혔다. 또한 자존심은 다른 이에게 존중받기 위한 행동을 보여주거나 다른 표현으로 과시하도록 동기를 부여한다. 마치 공작새가 날개를 펼치는 행동과 같다. 만일 누군가(나처럼) 잘난 체하는 경향이 있다면 조심해야 하는 한편(누구도 거만한 사람을 좋아하지 않는다) 위안을 얻을 수 있다. 그런 충동의 이면에는 진화에 따른 동기가 숨어 있기 때문이다.

만약 한 개인이 높은 사회적 지위를 얻는 데 성공한다면 진화하는 자존심 시스템은 강화된 지위에서 어떻게든 이익을 가져올 행동을 하도록 또다시 자극할 것이다. 같은 연구에 따르면 그러한 이익은 예측하기가 쉽다. 왜냐하면 동료 집단 구성원들이 한 개인을 소중히 여기고, 도우며, 착취하지 않는 정도가 그가 성공적으로 자손을 낳아 번식했는지, 힘겹게 싸워야 했는지, 아니면 일찍 죽었는지에 영향을 미쳤을 것이기 때문이다. 또한 이해가 상충하는 상황에서 다른 사람들이 그 개인에게 복종하는 정도도 마찬가지 영향을 미쳤을 것이다. 와우!

자존심은 어떤 행동을 하기 전에 그 행동의 결과가 자신이 속한 집단에게 어떤 평가를 받을지 본능적으로 가늠하는 내적 척도로 작용한다. 이는 자신의 장점을 주변에 홍보하려고 할 때, 실패할 위험이 있는 시도에 헛되이 에너지를 낭비하는 것을 막아준다. 또다시 감탄사가 절로 나온다. 자존심은 분명히 엄청난 보상을 받는 강력한 감정이다. 아무리 들여다봐도 그저 뛰쳐나오려고 발버둥만 치는 얼간이 같은 분노 감정과는 다르다.

커리어의 관점에서 이 문제를 바라본다면, 자신의 재능이 업계 최고라 하더라도, 성공적인 경력을 이어갈지 아니면 점점 시들어 퇴출될지, 자신의 아이디어가 채택될지 아니면 다른 이의 아이디어가 채택될지 등을 결정하는 데 조직에서 받는 존중의 정도가 중요한 역할을 한다는 의미다. 동료들이 업무 성과를 낼 수 있도록 도와주는 능력이 없다면 그저 자신이 업무를 잘한다는 것만으로는 부족하다. 또는 불필요하거나 지나치게 자화자찬하는 누군가를 화나게 하지 않고 자신의 성과를 교묘하게 홍보할 수 없다면 말이다.

자존심을 잘 다루기는 쉽지 않다. 대부분은 정상에 오르면 스며 나오는 음흉한 내면의 불길 정도로 단순하게 생각할 것이다. 그런데 사실은 그렇지 않다.

자존심은 어떻게 작용할까?

하버드대학교의 인간진화생물학 교수인 조지프 헨릭Joseph Henrich 박사에 따르면 집단 내에서 존경을 얻는 방법엔 2가지가 있다. 첫째는 강압, 협박, 두려움을 이용해 집단을 지배하는 것이다. 인간 이외의 종에서는 가장 높은 존중을 받는 거의 유일한 방법이다. 실버백(우두머리) 고릴라의 행태와 유사하다.

실제 문명화된 인간 집단에서 물리적 폭력으로 위협하는 일은 사회 규범, 법률, 인사 규칙 등과 같은 현대적 구조 덕분에 거의 존재하지 않지만 이런 유형의 방법을 추구한 지도자에 대한 사례는 많다. 대표적인 예로 스티브 잡스를 들 수 있다. 월터 아이작슨Walter Isaacson이 쓴 스티브 잡스 전기를 보면 애플의 공동 창업자인 그를 우리 시대의 가장 위대한 경영자로 묘사하지만, 사업 성과와는 별개로 사람들에게 영향을 미치는 그의 리더십 유형에 대해 설명한다. 잡스는 조직 내 개인을 대할 때 폭압적이고 잔인하며 변덕스러웠다고 한다. 참을성이 없고 지나치게 비판적이며 무뚝뚝했다.

문명화된 사회라면 모든 이가 실버백 고릴라처럼 행동해서는 제대로 기능할 수 없다. 다행히도 집단 내에서 존경받을 수 있는 또 다른 방법이 있다. 바로 '신망prestige'이다.

신망을 쌓아 정상에 오르기

신망 있는 개인은 사회적 지위를 얻을 수 있다. 집단 내의 다른 모든 이에게 유용한 특성과 지식, 기술을 보유하고 있는 사람이기 때문이다. 여기서 자존감은 저절로 생겨난다.

하지만 중요한 사실이 있다. 자존감은 온몸으로 드러난다고 널리 알려져 있다. 심지어 태어날 때부터 장님이었던 사람조차도 그렇다. 그래서 이는 문화적으로 몸에 익혔다기보다는 본능적이라는 것을 보여준다.

축구 본고장, 영국에서 토요일 오후가 되면 축구팬과 선수들이 '우뚝 서서 몸집을 잔뜩 키운 채' 관객이나 자신의 멋진 플레이를 방영하는 TV 카메라를 바라보는 모습을 볼 수 있다. 바로 자존감 넘치는 사람이 이곳에 있다는 사실을 알리는 자세다.

2017년 「자존심 인지 아키텍처의 교차 문화 규칙성」이라는 논문에서 이러한 개인과 집단 사이의 상호작용을 '광고 재보정 이론advertisement recalibration theory'이라고 이름 붙였다. 개인은 자존심을 내세우며 자신의 성취를 광고하고, 관객은 그 사람에 대한 존경심을 평가하거나 재평가함으로써 반응한다는 것이다.

샌타바버라 진화심리학센터 연구원들은 집단 내 위상을 높이는 다양한 행동 경로를 살펴본 결과, 자존심을 세울수록 집단의 평가도 올라간다는 사실을 발견했다. 교활하고 악의에 찬 감정인 자존심을 세우는 것은 공동체로부터 지지를 얻고 자신이 번성할 수 있는 선택을 하는 데 중요한 요소다. 유용하다.

까다로운 부분은 이렇다. 존중의 가치는 상승하기도 하지만 내려갈 수도 있다. 주식 가격과 비슷하다. 집단 내에서 평가받는 자신의 가치는 '시장' 조건에 대한 반응에 따라 극적으로 달라질 수 있다. 원시 사회에서의 시장 조건은 집단이 먹고살 수 있도록 커다란 사냥감을 절묘하게 잡는 방법 같은 것이었을지 모른다. 그 사람은 다른 사냥에도 초대받았을 것이고 집단의 존경심은 올라갔을 것이다. 그 시절에는 마지막 사냥의 성과만큼이 본인이 받는 평가였을 터이다.

그런데 그 사람이 완전히 실수해서 누군가가 다치거나 동물이 도망가버린다면 집단 내부의 존중은 다시 반대로 조정된다.

광고 재보정 이론이 작동하는 방법

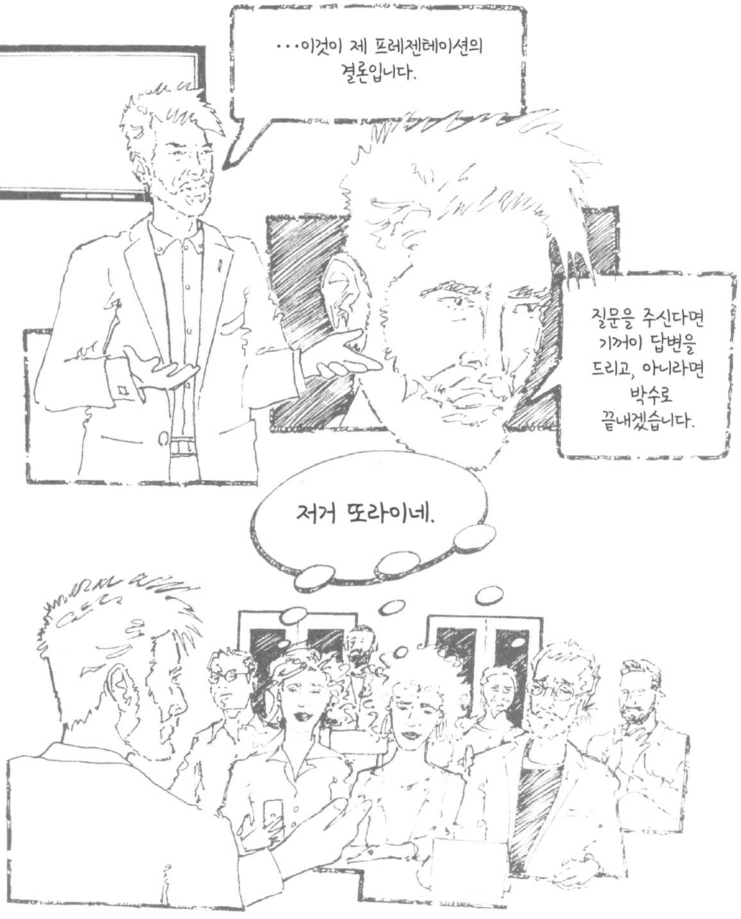

다시 축구로 돌아가서 아무리 검증된 공격수라 하더라도 골대 앞에서 손쉬운 기회를 연속해서 놓쳐버린다면 머지않아 다음번 큰 경기에 선발로 나서지 못한다. 실제로 현실에서 이런 일이 발생하면 구단의 경영진과 수천 팬들은 그리 어렵지 않게 같은 합의에 도달한다. 집단적으로 공동 재평가가 이루어지는 것이다.

신망은 언제나 선호되는 리더십 유형이다. 인사 담당자들이 어떤 업무에 필요한 자질로 폭력적이어야 한다는 문구를 넣는다고 생각하기는 어렵지 않은가.

내가 존경하는 리더들을 떠올려봐도 그 사람에게 장점이 있을 뿐만 아니라 다른 존중받는 동료들에게 찬사도 받는 점이 매력이었다. 그들에게는 뭔가 배울 것들이 있다. 만약 내가 친해진다면 그러한 신망의 작은 부분을 닮을 수 있을지도 모른다. 회의실로 가는 복도에서 어깨를 부딪치는 따위가 아니라, 가까운 곳에서 커져가는 그의 신망을 오랜 기간 관찰하면서 친숙해진다면 말이다.

반면, 우리가 직업 세계에서 무섭다고 정의할 수 있는 사람과의 상호작용을 생각하면, 일단 그들은 거리를 유지하는 경향이 있다. 자신이 우리보다 우월하다는 것을 암시하기 위한 거리 두기다. 만약 전해야 할 지식이 있다면(그들의 숭고한 관점에서는 '내려보낼' 지식) 한순간 폭발하듯 짧고 고통스럽게 전달한다. 만약 우리가 누군가를 무서운 사람으로 평가한다면 그 조직에서 많은 시간을 보내고 싶지 않을 것이다.

스티브 잡스로 돌아가서, 그의 전기 작가는 자주 발생했던 상황을 묘사했다. 잡스는 다른 사람들 앞에서 상대방의 아이디어를 "똥덩어리"라고 지칭하곤 했다. 이는 공개적으로 구타하는 것과 마찬가지의 언어 표현이다. 더 나쁜 것은 이것이 조직 내의 다른 책임자들에게 비슷하게 나쁜 행동을 해도 된다고 허락하는 최고 경영자의 지배력을 생생하게 보여준다는 점이다.

집단에서 존경과 존중을 이끌어내는 이중적인 방법을 2가지 자존심 유형과 연결짓는 연구가 많다. '지배력'은 본질적으로 '자만심'이라고 불리는 유형과 관련이 있는 반면, '신망'은 '진정성'이라고 알려진 변화와 관련이 있는 경향이 있다.

이 둘 사이의 차이를 알면 더 나은 조직 문화를 구축할 수 있을 뿐만 아니라 조직 및 공동체 환경에서 개인의 행동을 개선하는 데 도움이 된다.

두 유형의 자존심 차이 인식하기

온타리오주 워털루대학교 심리학과의 에드워드 양Edward Yeung과 위니 셴Winny Shen은 '직장인의 자존심, 악덕인가 미덕인가? 진정한 자부심과 자만심 그리고 리더십 행동 사이의 연관성'이라는 직설적인 제목의 중요한 연구 결과물을 내놓았다.

저자들에 따르면 진정한 자부심은 정당한 성과와 전문성을 바탕으로 조직 내에서 승진할 수 있는 길을 열어준다. 신망을 바탕으로 정상에 오르는 길은 장기적인 노력과 헌신이 필요하다. 이런 종류의 자부심을 경험하고 싶다면 2가지를 믿어야 한다. 하나는 사건의 결과에 책임을 진다는 것이고, 둘째는 성과가 사회적으로 가치 있다는 것이다.

예를 들어보자. 나의 평범한 학문적 재능에도 불구하고, 모두가 깊은 잠에 빠져 있거나 술집에서 부어라 마셔라 하는 동안 나는 늦은 밤까지 공부에 집중한다면 옥스퍼드대학교에서 우수한 성적으로 학위를 받을 수도 있다.

그런 목표를 달성한다면, 내 자존심은 긍정적 영향을 받을 것이다. 공부에 재능이 많지도 않은데 전력을 다해 목표를 달성했다는 것을 스스로 잘 알기 때문이다. 그 결과로 나는 일자리를 위한 면접에서도 자신감 있는 태도로 협상에서 우위를 점할 수 있다. 이미 논의한 것처럼 테이블 건너편에 앉은 사람들은 그런 나의 사회적 가치를 평가해줄 것이다. 그리고 흥분되는 것은, 그 평가가 합격으로 이어진다면 힘들게 얻은 성과는 입사 이후에 더 높은 지위를 얻는 기회가 된다. 혜택은 더 있다. 진정한 자부심은 외향성, 상냥함, 양심, 만족스러운 사회적 관계, 그리고 좋은 정신 건강과 긍정적으로 연결된다.

이 모든 것은 이치에 맞는 말이다. 주변에 자존감이 높은 사람을 한번 떠올려보라. 아마도 이 요건들을 갖추고 있을 것이다. 당신도 이런 요건에 부합할 수 있다.

조직의 관점에서 그 영향은 더 클 수 있다. 2001년 마이클 호그 Michael A. Hogg의 연구 '리더십의 사회적 정체성 이론'에 따르면, 사람들은 이런 사회적 지위와 관련된 행동을 보며 그들을 타고난 리더십 능력과 '리더다운' 자질을 지녔다고 평가한다. 결정타다!

내가 자랑스럽게 옥스퍼드대학교를 우등으로 졸업하는 그 가상의 세계 속에서 면접관은 굵은 필체로 '미래 지도자 인재'라고 써넣을 수 있다. 그것은 내 능력 때문만이 아니다. 바로 근거 있는 자신감을 갖춘 태도 때문이다. 자존감은 지켜보는 이의 눈을 감동시킨다.

자존감과 유사해 보이는 의심스러운 이복형제에게도 비슷한 일이 일어날 수 있다. 연구자들은 사람들이 '자만심(더 지배적이고, 공격적이고, 반사회적인 경향이 있는)' 역시 높은 지위와 연관시키는 것을 알게 됐다.

나 역시 익히 보아왔던 사실이다. 소란스러운 상황을 누군가 폭력적으로 한순간에 질서를 잡는 장면을 본다면 당장 확고한 캐릭터로 자신만의 길을 가는 데 익숙한 사람이 여기 있구나, 라고 생각할 것이다. 비록 신망과는 거리가 멀지만 그런 사람을 사회적으로 힘이 있다고 생각하지 않을 수 없다.

이런 이유로 나를 포함해 인간의 감정 속에 자만심이 은밀히 숨어 있는지도 모른다. 나 역시 바람직하지 않은 방법으로 질서를 잡으려고 시도한 전과가 있다. 당시 그 결과에 대한 내 감정을 떠올려본다면 자부심과 비슷하게 일시적으로 부풀어오르지만 정당하지 않은 찜찜한 느낌이 남았다. 시간이 좀 지나자 감정의 앙금은 가라앉고 수치스러운 기억으로 자리 잡았다. 이는 판단을 잘못 내렸거나 감정에 이성을 맡겨버렸다는 오래된 진화론적 신호 같았다. 분노가 가느다란 철창 틈새를 비집고 나오려 했다. 할 수만 있다면 지금이라도 사과하고 싶다.

브리티시컬럼비아대학교의 제시카 트레이시Jessica L. Tracy와 캘리포니아대학교의 리처드 로빈스Richard W. Robins는 「자존심의 심리적 구조: 2가지 측면의 이야기」라는 논문에서 다양한 자만심의 형태를 설명했다. 여기에는 허풍, 나르시시즘, 경쟁심, 불쾌감 등이 포함되는데, 모두 문제 있는 관계로 이어질 수 있는 자질이다. 그들은 이런 요소들이 지위를 상승시키는 (진정한 자존심의 장기적 노력에 비해) 빠른 지름길이 될 수 있다고 추론한다. 만약 누군가가 성공하기 위해 필요한 신망에 기초한 자질이 부족하다면, 강압과 공격성을 발휘해 질서의 선두에 곧바로 설 수 있다.

자만심은 또한 누군가가 사건의 결과를 인간의 본성 탓으로 돌릴 때 쉽게 발현될 수 있다. 사람은 노력해서 목표를 달성하면 진정한 자부심을 경험하는 반면에(전력을 다해 옥스퍼드대학교를 우등 졸업함), 목표 달성이라는 결과를 선천적 자질에 따른 능력 때문이라고 생각하면 자만심이 생긴다(내가 대단해서 옥스퍼드대학교를 우등 졸업함).

내가 이해하기로는, 어느 한쪽으로 편향된 기질을 가진 이들이 있을 수도 있지만, 대부분 자만심이나 자부심의 한쪽 상태만 경험하지는 않는다. 개별 상황에 따라 2가지 상태를 그저 스쳐 지나갈 수도 있고 모두 겪을 수도 있다. 위 논문에서 저자들은 상대를 위협하기 위해 자신의 우월성을 과시하는 것이 도움이 될 때 과장된 모습을 연출하는 것은(우리가 익히 아는 신경에 거슬리는 정도로) 유용하다고 말한다.

원시 시대에는 한 무리의 사냥꾼들이 큰 포유동물을 찾다가 다른 사냥꾼 무리를 만났을 때 '우리 손도끼가 너희 것보다 훨씬 크다'며 눈을 부릅뜨는 상황이 수없이 벌어졌을 것이라 상상할 수 있다.

오늘날로 돌아오면 프로복싱 빅게임을 앞두고 계체량을 하는 장면이 떠오른다. 두 선수가 흥분한 채 기세를 부리기 위해, 또 카메라 뒤편의 관중을 위해 상대방의 머리를 박살내겠다는 듯이 두 눈을 부릅뜬다. 그들 중 한 명은 패배할 수밖에 없지만 만약 우리가 각각의 위세를 믿는다면 둘 다 승자가 되어야 할 것이다.

물론 이런 과시는 무대를 위한 연출이긴 하다. 파이터와 매니저들은 관중이 집에서 자존심을 건 그들의 싸움을 흥미 있게 지켜볼 수 있도록 시나리오를 짰을 수 있다. 가장 큰 싸움인 경우, 수백만 명의 청중이 공작새와 같은 과시를 보고 판단을 내린다. 그리고 갑자기 정확한 용어가 떠오르지는 않을지라도 팬들은 어떤 복서가 진짜이고 가짜인지 떠들어댈 것이다. 결과적으로 많은 사람은 누가 처참하게 패배하는지, 또 누가 당연한 승리를 가져가는지를 보고 싶어 한다. 그렇게 결과를 보기 위해 많은 돈을 내고 유료 방송을 시청할 준비가 되어 있는데, 이는 진화를 거치며 촘촘히 짜인 본능이 자극을 받았기 때문이다.

그런 조작에 영향을 받지 않을 수 있을까? 방법이 있다. 자존심의 군더더기를 완전히 털어내고 주변의 문화를 개선하는 것이다. 한마디로 자존심을 다이어트해라.

자존심의 군더더기를 버려라

우리가 은행 지배인이나 유명 인사, 교사, 국회의원, 경찰관, 지방의회 의원, 판사들에게 맹목적으로 순종하거나 불만이 있어도 그저 순응하며 따르던 시절이 있었다.

하지만 그런 믿음은 점차 사라져갔다. 즉 재평가가 이루어진 것이다. 광고 재보정 이론에 나오는 사례와 유사하다.

현재 같은 자리에 있는 사람들은 더는 예전처럼 존경이나 존중을 받지 못한다. 지난 세기에 두 번에 걸쳐 연속적으로 벌어졌던 세계대전의 영향일 수도 있다. 그러나 그전부터 몇 세대에 걸쳐 부모에게서 부당한 권위에 의문을 품으라는, 그리고 기득권층 인사들의 지시를 맹목적으로 받아들이지 말아야 한다는 교육을 받은 이들도 있다.

그에 더해서 수많은 권력남용과 상상할 수 없는 부패와 관련된 스캔들이 우리 기억 속에 층층이 쌓여 있다. 유명 인사에 의한 아동학대, 강자가 약자를 향해 저지른 성희롱, 국회의원의 사기성 경비 청구, 주요 기업의 조세 회피, 환경 오염물 배출 스캔들, 그리고 후원해주는 이들에게 부정적인 영향을 미치는 주요 기업들의 조세 회피, 공공보건에 대한 위협, 소수자에 대한 차별, 거짓 이유를 근거로 한 침략 전쟁(이라크), 정당한 항의를 잠재우기 위한 권력자들의 결탁 등등. 이 모든 실패는 지배 문화의 찌꺼기라고 해석할 수 있다. 그리고 사람들은 "이제 그만"을 외치고 있다.

리더에게 바라는 2가지 자질

나는 여전히 거대한 변화의 물결 속에 있다고 생각한다. 작은 변화들이 계속되고 있는 것을 보면 알 수 있다.

새로운 인재를 얻기 위해 경쟁하는 고용주로서 나는 젊은 구직자에게 가장 매력적인 직업은 목적이 있는 기업, 사회적 기업에서 일하는 것이라고 생각한다. 사회 환원은 미래의 규범이다. 모든 신망이 생겨나는 원인이다. 다른 관점에서 보면, 마케팅 분야 종사자로서 소비자들이 환경과 같은 중요한 부분에서 신뢰를 깨는 문제가 발생하면 재빠르게 해당 브랜드를 보이콧하는 현상을 종종 목격한다. 이런 원칙에 따라 행동하는 것 역시 신망의 문제이다.

또 다른 관점에서 볼 때, 정치에 큰 관심이 없는 이에게도 좌파와 우파의 정치 세력들이 충돌하며 만들어내는 혼란을 목도하지 않고 살아가기는 힘들다. 각각의 세력이 집권하기 위해 지배 전략을 추구하기 때문이다. 대개 국회의원들의 모임은 금세 검투사처럼 자만심을 보여주는 장이 되어버린다. 모든 주장의 초점은 어떻게 하면 상대방이 더 나쁜지를 표현하는 데 맞춰진다. 자만심을 버리고 뒤로 물러나 앉으면 정책 결정의 수준이나 성과에 대해 긍정하는 꼴이 된다. 정치적 리더십에 신망을 기대하는 것은 어려운 일이 됐다.

광고 재보정 이론에 따르면 상대방의 거만함을 보았을 때 본능적으로 인식하고 현재 상황에서 지나치다고 단정짓지 않기란 어렵다. 문화와 가치관, 견해의 다양성은 더 대표적이고 합의가 된 접근을 요구한다.

우리는 전통적인 관습에 이끌리기를 원하지 않는 사람들 사이에서 살고 있는 것 같다. 확실히 내가 리더에게 바라는 것은 설득력과 영향력, 2가지 자질이다. 이런 특성은 신망을 토대로 한 존경을 얻는 데 중요하다. 어쨌든 앞에 나서서 리드하기를 원하는 누구에게든지 그 품성에 대한 의문을 제기할 수 있어야 한다. 그럼에도 불구하고 리더가 되기를 열망하는 사람은 자신의 비전으로 사람들을 설득하기 위해 애써야 한다.

미래의 직장 리더는 자신의 직원들을 청중으로 인식해야 할지도 모른다. 상하관계가 내포된 '부하, 보고서, 내 팀'이라는 용어를 배제해야 한다. 청중은 영감을 받아야 한다. 계속해서 동기부여를 하지 않고 그들의 충성심을 기대할 수는 없다. 미래의 리더는 사람들이 자신의 비전을 이룰 수 있는 방법으로 자율적으로 일할 수 있도록 도와야 할 것이다. 그런 모델에서 미래 지도자는 모든 사람에게 리더십을 경험할 수 있는 기회를 줘야 한다. 그렇게 할 가능성이 가장 높은 리더가 건강한 자존감을 가진 이들이다. 자만심이나 그에 따른 부정적인 영향을 이겨낼 수 있는 사람들이다.

이제 자존심 다이어트가 긴급히 필요하다는 것은 알겠는데, 어떻게 해야 할까?

자존심을 다이어트하는 방법

조직과 그 안의 위계질서는 높은 지위로 올라가도록 자꾸 자극하는데, 이때 자존심은 가장 강렬한 감정이다.

자존심에 큰 상처를 입는 일이 일상적으로 벌어지지는 않는다. 그러나 수백 명 또는 수천 명의 사람들로 구성된 조직에서는 매 순간 자존심이 충돌하기 일쑤다. 팀 목표에 미치지 못하는 업무 성과를 보여주는 동료 때문에 전체 사기가 떨어진다. 본인이 중요한 비즈니스 협상에서 판단 착오를 할 수도 있고 아무도 모르게 팀의 노력을 물거품으로 만들 수도 있다. 또는 팀원 중 누군가가 자신의 성과를 과대포장한다거나, 남의 아이디어를 훔치거나, 사소한 일로 신경전을 벌이는 등의 문제를 겪을 수도 있다.

이런 유의 갈등이 발생할 가능성을 줄이기 위한 첫 번째 관건은 자기 통제다. 앞서 성경에서 나온 사례처럼 의사 본인부터 먼저 치료해야 한다. 본인이 배출한 감정에 대해 책임을 져야 한다. 마치 엘리베이터 안에서 방귀를 뀌었다고 자백하는 것과 같다. 누구도 고마워하지는 않겠지만, 안에 있는 사람들이 더는 악취의 근원을 찾아 서로를 의심하지 않을 수 있다.

자존심 다이어트 일지 쓰기

다이어트를 해본 적이 있다면 다이어리 앱이 칼로리를 제한하는 데 도움이 된다는 사실을 알 것이다. 매번 먹은 것을 기입하다 보면 동기부여를 받아 목표에 도달할 수 있다. 자존심은 본능적이고 자생적이기 때문에 내 행동이 거만하게 보이거나 다른 이에게 충격을 주었다는 사실을 인식하지 못할 수도 있다. 내게도 그런 일이 있었다. 내가 눈치를 챘다고 하더라도 너무 늦었을 것이다. 본능은 일을 먼저 저지르고 왜 그랬는지를 묻게 만든다. 그래서 자존심 일지를 쓰는 것이 도움이 된다.

각 사건을 기록함으로써 자신의 습관이 어떤지 대략 감을 잡을 수 있고, 나중에 이를 검토할 수도 있다. 거기서부터 우리는 어디서부터 어떻게 자신의 행동을 고쳐야 하는지 파악할 수 있다. 그리고 어떤 행동을 잘못했는지, 아니면 잘했는지를 이성적으로 판단할 수 있다.

그렇다고 어떤 갈등의 열기가 피어오르려 하자마자 이를 적기 위해 펜을 들라는 이야기는 아니다. 하루를 마친 후 그 열기가 사라진 후 긴박했던 상황을 재검토하는 것이 더 효과적이다.

상황이 걷잡을 수 없다면 잠깐 양해를 구해라. 화를 멈추기 위해 숨 돌릴 시간이 필요하다고 하면 모든 사람이 그러라고 할 것이다. 화장실에 들어가 좁은 칸막이 안에서 문짝에 머리를 부딪히며 열기를 식힌 후 돌아올 수 있다.

내가 추천하는 자존심 일지에 기록할 정보는 몇 분만 고민하면 될 정도로 간단하다.

- 어떤 상황에서 어떤 긴장감과 흥분을 느꼈는가? 예를 들어 자존심에 상처를 입고 분노했는가? 아니면 감정을 꼭꼭 숨겼는가?
- 상처받은 자존심은 진심이었나, 아니면 자만심에 가까웠나?
- 만약 당시의 상황으로 돌아간다면 어떤 방식으로 반응해야 했을까?

긴장 상황에서 자신이 어떻게 반응하는지 정기적으로 살펴보면 우리 행동에 어떤 특징이 있는지 아는 데 도움이 된다.

- 자존심이 표현되는 두 측면 사이의 빈도와 비율은 어떻게 되는가? 즉, 주어진 상황에서 어떤 측면이 더 강했는가?
- 자존심에 상처를 받으면 얼마나 자주 분노를 억누르지 못하는가? 아니면 주변 사람들에게 짜증을 내거나 절망감을 얼마나 자주 표현하는가? 주로 어떤 상황이 그런 감정 상태로 이끄는가?

시간이 지남에 따라 우리는 자신에게 독특한 특성이 존재하는지, 그리고 지배적인 성향에 이끌리는지 아니면 신망에 이끌리는

지를 파악할 수 있다. 내게 가장 중요한 점은 문제 상황에서 느꼈던 분노가 실제로 정당했는지, 아니면 도덕적으로 옳았는지를 밝히는 데 도움이 된다는 것이다. 올바른 분노는 긍정적인 변화를 이끌어낼 수 있는 동기부여의 힘이 된다. 자존심이 상할 때 일어나는 분노와 달리 꼭 필요한 일이다.

만약 아직 흥분이 가라앉지 않은 사건을 반추했을 때 자존심과 아무런 상관이 없다는 것을 확신했다면, 그 감정에 따라 행동해야 한다. 상황을 정리하기 위해 돌아오면 덜 공격적이고 도움이 되는 방법으로 할 수 있을 것이다. 원래 상황과 그 당시 생겨난 감정 사이에 거리를 두었기 때문이다.

또한 문제 상황과 관련된 사람을 탓하는 것이 아니라, 잘못된 사정을 고치는 방법으로 문제를 해결함으로써 다른 모든 당사자의 자존심을 다치지 않게 할 수 있다. 한순간의 소용돌이 같은 흥분 속에서 모든 문제가 누군가의 반복된 행동 탓이라거나 숨어서 조종하는 사람 탓이라고 비난하기 쉽다. 아마도 "맨날 이런다"라거나 "너는 언제나 그렇지"와 같은 말들이 난무하는 상황을 자주 목격해 잘 알 것이다.

자존심 대신 신망

지위를 추구하는 행동은 사회 속에서 내 존재감을 찾는 방법으로 진화해왔다. 이는 무료 의료 서비스, 무료 급식소, 동등한 기회, 안전 규정, 보험 같은 사회 안전장치가 없는 세상에서 인간이 생존할 수 있는 가능성을 증가시켰다.

과학은 이렇게 말한다. 자존심은 주변 사람에게 자신의 가치를 홍보하는 방법이며 집단이 잘했다고 평가할 만한 무언가를 성취했다는 것을 보여주기 위한 본능적인 표현이다. 가치 있는 구성원으로 인정을 받아 자신을 보호해주는 팀의 일원이 되는 것은 음식이나 주거처럼 생존을 위해 중요한 요소다.

우리는 집단 내에서 지위를 추구하는 개인이 집단에 유익한 기술을 개발함으로써 목표를 달성할 수 있다는 것을 앞서 배웠다(신망). 하지만 중요한 점은 신망이 리더십의 독특한 자질은 아니라는 것이다. 대다수가 가족이나 친구, 직장 또는 지역사회에서 적어도 약간의 신망을 얻고 있다고 생각한다.

그리고 더 많이 얻는 방법 또한 무척 간단하다. 도움을 주는 사람이 돼라.

우선 참여해라. 함께하자고 설득한 사람들을 진심으로 도와라. 친구와 동료를 도와라. 지역사회를 돕고 파트너가 목표를 달성할 수 있도록 도와라.

자기 일만 챙기느라 너무 급급하지 마라. 만약 자만심이 감정의 끝선에서 모습을 드러내려 하면 도움을 구해라. 결국, 도움은 협력의 또 다른 이름이다.

이렇게만 하면 노력한 만큼 자신이 빛을 발할 것이다. 자존심 다이어트를 해라.

자존심 다이어트가 확실히 도움이 될 한 가지 중요한 주제가 있는데, 바로 다음 장에 나오는 성평등이다.

I

Don't

Agree

세상에서 가장 중요한
협력의 주인공

———————

남자와 여자는 다른 행성에서 온 것이 아니다. 우리는 같은 종족이다. 서로 반대 진영에 앉아 다툴 이유가 전혀 없다. 현시대는 이제 서로가 서로를 이해하고 도울 수 있게 유연한 사고 근육을 기르라고 요구한다.

알다시피 유리천장(조직 내의 보이지 않는 장벽) 위에는 권위적인 남성들로 가득하다. 내가 일하는 분야 역시 만만치 않다. 사실 수많은 광고를 통해 성 역할에 관한 고정관념을 강화해온 우리의 원죄를 감안하면, 불평보다는 속죄를 해야 마땅하다.

성평등 사회 구현에는 아직 갈 길이 멀지만 유리천장은 제거해야 한다는 강한 압박을 받고 있다. 군중의 열렬한 응원 속에서 철거 차량이 이미 도착해 있다. 머지않아 중역실에 앉아 점잔빼는 남성 임원들을 날카롭게 쨰려보는 능력 있는 여성들로부터 보호할 수 있는 방법은 모두 사라질 것이다.

많은 사례에서 여성의 능력은 이미 검증됐다. 미국 매체《비즈니스 인사이더》의 젱거 포크먼Zenger Folkman이 1만 6천 명의 리더를 대상으로 한 조사에 따르면 여성이 남성보다 비즈니스에 더 효율적이다. 이와 비슷한 주장을 하는 연구 결과는 많다. 자세한 내용은 뒤에서 다시 다루겠다.

지난 몇 년 동안 내가 고용한 사람의 숫자는 헤아리기 힘들 만큼 많다. 나는 성별이 내 판단에 영향을 미치지 않았다고 생각하고 싶다. 과연 그럴까? 이 연구는 한동안 내 머릿속에 있던 직감을 건드린다. 바로 더 건강하고, 협력적이며, 성과 중심의 비즈니스 문화를 조성하기 위해 갈등을 몰아내는 데 더 효과적인 성품이 존재하는데, 이런 능력은 여성에게서 더 자주 드러난다는 것이다.

갈등 유발자는 누구인가?

이러한 논의는 우리가 이미 다루었던 다원주의나 진화 전략 같은 분야로 거슬러 올라간다. 하지만 꽤 최근의 발견도 있다. 인간의 50퍼센트는 스트레스에 공격적으로 반응하는 유전자를 지니고 있다. 그리고 그들 대부분이 고개를 바짝 치켜든 남성일 것이다.

대개의 업무에는 스트레스가 있으므로 어떤 조직이든 생물학에 관심을 둘 필요가 있다. 일상의 조직 문화에 어떤 영향을 미치는지, 그리고 관리자가 이에 대해 무슨 조치를 할 수 있는지 이해해 나가는 것이 중요하다. 과학을 한번 살펴보자.

2012년 이주형 박사와 빈센트 할리Vincent Harley 교수는 스트레스를 받을 때 남성을 공격적으로 만드는 유전자를 발견했다고 밝혔다. 예상대로 뉴스는 이를 '마초 유전자'라고 명명했지만 이 발견의 중요성을 전달하는 데 그리 효과적인 이름은 아니었다. 불량배를 제압한 후 이두박근을 자랑하며 서 있는 남성 이미지를 떠올리게 한다. 아마 장소는 비키니를 입은 여자들이 동경의 눈빛으로 바라보는 수영장일 것이다.

차라리 'SRY(미안) 유전자'라고 부르는 것이 더 적절하다. 중요한 점은 오직 Y 염색체에서만 발견된다는 것이다. 따라서 여성은 이 유전자를 보유할 수 없다.

자궁에서 이 유전자는 고환이 만들어지도록 신호를 보내고 남성 호르몬을 분비한다. 이 유전자가 없다면 태아는 여성으로 발달한다. 이주형 박사와 빈센트 할리 교수가 연구용 가운을 입고 링위에 오르기 전까지 이 유전자는 오직 성별을 결정하는 기능만 한다고 여겼다. 그들은 미안 유전자가 스트레스에 일차적으로 반응하는 기관인 심장, 뇌, 폐, 신장, 부신 등 남성 신체 전반에 존재한다는 사실을 발견했다. 과학자들은 따라서 이 유전자가 그저 왕자나 공주를 결정하는 그 이상의 역할을 하리라 생각했다. 또 이 유전자는 스트레스가 고조될 때 남성 특유의 기질을 유발해 싸우든지, 아니면 달아나든지 결정하게 만들 수도 있었다. 이것은 생물학에 관심 없는 이들에게도 '투쟁-도주 반응flight-or-flight response'으로 잘 알려져 있다.

1932년 월터 캐넌Walter Cannon 교수는 투쟁-도주 반응을 밝혀낸 연구를 공개했다. 내가 보기에 그는 성별을 따져 필요한 인원을 선발했을 수도 있다. 그의 연구 팀은 모두 남성이었을지도 모른다. 그렇지 않다면 캐넌이 한 거의 모든 임상 연구가 남성만을 대상으로 이루어졌다는 이 박사와 할리 교수의 폭로를 어떻게 설명할 수 있겠는가? 데이터를 면밀히 조사하면서도 성별은 고려되지 않았다.

전형적이다!

고등교육을 받은 사람들은 모두 2개의 X 염색체를 가진 인간이 스트레스에 어떻게 반응하는지 물어볼 생각을 하지 않았다. 그 결과는 남자와 달랐다.

대부분 여성이 타협과 협력에 능한 이유

여성에게 SRY 유전자가 없다는 사실은 과학계의 일치된 결론이다. 2000년 셸리 테일러Shelley E. Taylor 박사의 논문에서 캘리포니아대학교 연구원들이 처음으로 규명했다. 여성의 투쟁-도주 반응은 '돌봄-친화tend-and-befriend 반응'에 의해 진정된다는 것이다.

이 논문은 우리의 오랜 친구 다윈의 이야기로 시작한다. 생존은 얼마나 위협에 성공적으로 대응하는지에 달려 있다. 고대 사회에서 그런 위협은 날카로운 이빨을 가진 굶주린 포식자이거나 거주지를 침탈하려는 경쟁 부족의 공격이었을지도 모른다. 자연선택 이론은 위협에 성공적으로 대처할 수 있는 선천적인 능력이 다음 세대에 전해지는 경향이 있다고 말한다.

이 논문에 따르면 이런 능력은 성별에 따라 나눌 수 있다. 역사적으로 여성에게 투쟁-도주 반응은 생존 전략으로서 성공적이지 않았는데, 이는 아이들이 잘 성장할 수 있도록 돌보는 역할을 주로 맡았기 때문이다.

남성을 투쟁-도주 반응으로 이끄는 다윈주의의 힘은 여성에게는 다른 방식으로 작용한다. 높은 수준의 모성애는 아이들의 생존을 위태롭게 하지 않는 방향으로 위협에 대응한다. 사회학적으로 말하자면 집단에서의 타협, 협력 등을 포함하는 '친화적인' 행동을 하며 긴장이 고조된 시기에 서로 도울 수 있는 네트워크를 형성한다. 돌봄-친화 반응은 손을 내밀고, 신뢰를 바탕으로 한 공동체를 구축하며, 갈등을 해소한다.

조직의 관점에서 보면 탄성을 자아낼 수밖에 없다. 조직에 협력, 미래 계획, 네트워킹 등은 모두 중요한 요소이기 때문이다. 돌봄-친화 반응은 갈등을 진정시키는 역할을 한다.

만약 내게 어떤 편견이 없다면, 경영진 중 오랜 사업 파트너였던 발프리트 망갓과 사라 헤즐허스트의 행동에서 이런 요소들을 발견했을 것이다. 둘 다 전쟁이 필요하다면 내면에 존재하는 검투사를 참전시킬 수도 있지만, 평상시엔 신입사원들이 업무에 잘 적응할 수 있도록 프로그램 만드는 일에 전념했다.

이와 대조적으로 내 행동의 동기는 오직 경쟁을 통해 거래를 마무리 짓는 것이었다. 즉 오로지 전투 본능에 지배당했다. 이것은 발프리트와 사라가 나보다 조직 문화를 개선하는 데 더 긍정적이라는 것을 의미할까? 연구 결과는 그렇다고 답한다.

돌봄-친화 본능의 정치문화적이고 사업적인 효과

2015년 케임브리지대학교에서 진행한 '기업가 정신' 연구를 통해 여성 CEO가 남성 CEO보다 더 많은 이익을 낸다는 사실을 발견했다. 그들은 이윤을 마냥 쓰기보다는 재투자를 통해 지속 성장할 가능성을 높였다. 또 직원들의 생계를 위협할지도 모르는 위험을 최대한 멀리했다. 그에 반해 남자들은 신속하게 이윤을 배당할 가능성이 컸고, 배당을 위해 더 많은 위험을 기꺼이 감수했다. 흥미로운 점은 여기서 각각 투쟁-도주 반응과 돌봄-친화 반응을 쉽게 식별할 수 있다는 것이다.

최근 유엔(UN) 보고서를 읽었는데, 여성 정치인들이 돌봄-친화 성향의 정책을 추진한다는 증거를 찾았다. 한 예로, 보고서에 따르면 인도에서 여성이 주도하는 의회가 있는 지역의 상수도 프로젝트가 남성 주도 의회가 있는 지역보다 62퍼센트나 더 많았다. 분명히 남성들의 역할이 크다고 생각하는 유권자들이 많지만, 앞서 보고서에 나왔듯이 누가 우리에게 깨끗한 물을 주는지를 보라.

보고서는 또한 지방의회에 여성이 있는지 여부가 육아 보장 관련 입법과 그 수준을 보여주는 지표로서 대표적인 나라가 노르웨이라고 명시했다. 지방의회에 여성이 많은 지역일수록 아동보육수당이 많았다.

혹시 여성 리더를 자녀 양육과 결부시켜 너무 진부하게 묘사했다고 생각하는가?

1만 6천 명의 리더를 대상으로 한 미국 리더십 컨설턴트 젱거 포크먼의 연구로 돌아가보자. 이 연구는 여성들이 솔선수범하고, 일을 끝까지 추진하며, 결과를 위해 노력하는 측면에서 남성보다 뛰어나다는 사실을 보여주었다. 이런 자질은 양육 능력과도 거리가 먼 데다 일반적으로 남성에게 속한다고 여겨진다. 유엔도 비슷한 결론을 내렸다. 그들의 보고서에는 정치적 의사 결정 과정에서 여성의 리더십이 유엔 조직의 변화를 이끌어온 증거가 많이 쌓여 있고 지금도 증가하는 추세라는 내용이 포함되어 있다. 남성에게 독점으로 맡겼을 때보다 정치 상황이 훨씬 나았다는 이야기다.

소위 남성적 사업 자질을 돌봄-친화 반응의 고운 사포로 매끄

럽게 다듬을 수 있을까? 광범위한 능력을 보유한 여성이 더 원만한 리더에 어울릴까? 만약 그렇다면 고환에서부터 올라오는 경고를 무시하고 여성의 우월한 능력을 인정해야 하는지 탐구가 필요하다.

심지어 가장 보수적인 남성조차 화학적 유전 물질의 원시적인 방출과 그로 인해 촉발된 반응이 결코 도움이 되지 않을 때가 있다는 사실을 인정해야 한다. 말 그대로 또는 은유적으로 논쟁에서 남성의 방식에 따라 펀치로 날려버리는 것이 투사들에게 상당히 재미있어 보일지라도 말이다. 그 오래된 본능을 언제 따라야 할지를 아는 것과 다른 길이 더 도움이 된다는 것을 인식하는 것, 그리고 이를 바탕으로 행동할 수단이 있다면 우리의 관계를 개선하는 데 도움이 될 것이다.

자, 어디서부터 시작해야 할까?

돌봄-친화 문화를 빠르게 시작하는 방법

나는 주변 조건을 부드럽게 설정해 모든 사람이 돌봄-친화 반응을 보일 수 있도록 온도 조절기처럼 조직 문화에 접근하려고 했다. 이런 조직 문화를 형성하는 데 완벽한 환경이 바로 회의다.

많은 곳에서, 수많은 여성이 회의할 때 남성이 더 많이 발언한다고 증언했다. 종종 남성은 여성의 창의적인 발언을 끊고 자신의 아이디어로 회의의 초점을 다시 맞추려고 한다. 또한 여성이 처음으로 제안한 아이디어를 자신의 것으로 재포장하려는 것도 남성들의 성향이다. 내 경험에 비춰볼 때 숱한 참신한 생각이 이런 식으로 파괴됐다.

여성의 관점에서 회의 때 겪은 부정적 경험에 관한 연구나 논평, 토론은 엄청나게 존재한다. 구글링을 해보라.

나는 대영제국 훈장 수여자인 줄스 셔펠과 그녀가 겪은 경험에 대해 이야기를 나눈 적이 있다. 외무부에서 일하는 동안 줄스는 사담 후세인이 몰락한 이후의 바그다드를 통치할 팀의 일원으로 배치됐다. 그녀는 이라크 여성단체들과 함께 일했고 전쟁 이후의 정치 과정에 많은 여성 리더가 참여할 수 있도록 도왔다. 2009년 31세의 줄스는 당시 영국에서 가장 젊은 과테말라 주재 영국대사로 임명되었다. 임무를 맡은 그녀는 외교 이외에도 가정 폭력을 주된 과제로 삼았다. 두 역할 모두에서 갈등 해소는 핵심이었다. 불가피하게 많은 회의가 이어졌다.

"업무를 하기 위해 내가 세운 원칙이 하나 있어요. 협상이 제대로 진행되려면 첫 단추를 잘 꿰어야 하고, 그건 회의실 안에 적합한 인재가 투입되어야 한다는 말입니다. 나는 남자로 가득 찬 회의실에서 헛되이 시간을 보낸 적이 수없이 많습니다. 그곳에서는 멋진 말들이 오가고 서명이 이루어지지만, 현장에서 실제로 바뀌는 것은 거의 없습니다. 테이블에 앉은 사람들이 좀 더 다양하게 구성되거나, 회의 이슈와 관련해 대표성이 있거나, 해당 문제에 실제로 영향을 받는다면 큰 차이를 만들 수 있으리라 생각합니다."

글로벌 조직에서 매일 행해지는 회의의 횟수를 따져보자. 미국에서만 매일 1,100만에서 5,500만 회 사이의 회의가 열린다고 추정된다. 얼마나 많은 이들이 고충을 겪고 있는가. 실제 그 숫자가 어떻든 간에 이는 갈등의 주요 원인이라고 해도 무방하다. 실제로 노동 인구의 50퍼센트 이상을 지속적으로 불안하게 만드는 전염성을 지닌 회의는 조직 문화를 악화시키는 주범이다. 그뿐만 아니라 회의의 목적이 가장 빠른 시간에 균형 잡힌 대표성 있는 결정을 내리는 것이라면 방해꾼들이 시선을 독차지하게 두어서는 실패할 가능성이 크다.

포위당한 돌봄-친화 성향을 가진 이들에게 방공호를 제공하기 위해서는 회의 준비 사항을 몇 가지 수정해야 한다. 그들이 참호 밖으로 나올 수 있는 길을 열어줘야 한다.

오른쪽 회의 구성안에 따라 회의 규칙을 수정한다면 모든 참석자의 열기를 끌어 올릴 수 있다. 하지만 이사회나 회의실의 테이블 참석자를 50 대 50의 성별 비율로 구성하더라도 꼭 균형 잡힌 시각이나 조직 문화로 이어지는 것은 아니다.

무엇보다 이것이 평등을 의미하지도 않는다. 결국은 우리가 논

갈등을 줄이는 회의 구성안

훼방꾼들을 훼방해라

회의 참석자의 성별을 50 대 50 비율로 구성한다

1. 더 넓은 다양성을 생각하라

다양한 인력을 보유한 기업이 평균적으로 수익성이 높다. 이를 논리적
으로 생각해보면 다양한 인원으로 구성된 회의가 더 생산적이기 때문
이다. 경영 컨설팅 회사 맥킨지의 '다양성이 관건이다'라는 보고서에 따
르면 성별 분산도가 높은 회사가 그렇지 않은 회사보다 수익성이 높을
확률이 15배로 나타났다. 인종별로 다양한 인원으로 구성된 회사는
그 확률이 35배였다.

2. 회의 규칙을 설명하는 강력한 사회자를 임명해라

"모든 의견은 수용 가능하며 환영한다. 하지만 회의에서 누군가의 발
언으로부터 영감을 얻었다면, 또는 타인의 아이디어를 확장할 방안을
떠올렸다면, 잠시 흥분을 가라앉혀라. 소리 지르며 끼어들지 말고 종
이에 잘 적어 정리한 뒤에 현재 발언자의 말이 끝날 때까지 기다려라.
그렇지 않으면 사회자에게 지적을 받을 것이다. 우리는 발언자의 아이
디어를 끝까지 듣기를 원한다. 말을 끊지 마라!"

3. 규칙을 위반할 땐 경고한다

위 규칙을 위반하면 경고하고, 혼자서 너무 오래 떠드는 참석자에게는 말을 줄일 수 있는 권한을 사회자에게 준다. 발언권은 2분이면 충분하다. 이를 넘는 말은 회의 참석자의 발언이 아니라 프레젠테이션에 속한다. 규칙 위반에는 강력한 태도를 견지하라.

사회자는 회의실 안에서 아이디어가 잘 전달되게 하고, 또 완전한 내용을 최대한 공유하는 것이 주 임무다. 그리고 회의에서 결정된 개인 임무와 이를 완료해야 하는 마감일을 명확히 하는 것이다. 모두가 결정된 내용을 숙지했는지 확인하라. 회의 참석자 모두가 결정된 내용에 관해 발언할 기회를 줘라.

의하려고 하는 주제로 돌아가서, 성평등을 이루기 위해서는 남성 정신 세계의 뿌리를 뒤흔드는 대변혁이 필요할지도 모른다.

이 모든 것을 알게 된 이후, 나는 업무 중에 투쟁-도주 반응이 촉발되는 순간과 그것이 내 의사 결정에 어떤 영향을 미치는지를 파악하려고 적극적으로 노력했다. 그런 다음 돌봄-친화 대안으로 반응해서 다른 결과를 이뤄낼 수 있는지 스스로에게 자문했다. 과학을 믿는다면 내 몸과 직접 충돌하는 사고 과정인 셈이다. 그 결과, SRY 유전자가 방해를 했다!

이러한 탐구를 통해 나는 무의식적 편견을 먼저 극복하지 않고도 돌봄-친화 반응의 혜택을 활짝 열어젖힐 수 있는지 궁금했다.

평등을 막는 문화 규범

무의식적 편견은 특정 집단의 사람에 대한 사회적 고정관념이다. 우리 자신의 의식 바깥에서 형성될 수 있다. 무의식적 편견은 종종 내면의 양심과 양립할 수 없을 때도 있다. 그럴 때는 자신의 의사 결정에 부정적인 영향을 미치지 않도록 주의 깊게 관찰할 필요가 있다.

직시해보자. 성장 배경과 환경 모두 우리 행동에 강력한 영향을 미친다. 이런 힘은 어린 시절부터 인종차별주의자, 여성혐오자, 동성애 혐오자 성향을 지닌 부모에게 양육되었을지도 모르는 이들에게 더욱 강력한 힘을 발휘한다. 또 세대에 걸쳐 존재했던 낡은 문화 규범 속에서 성장한 경우도 마찬가지다.

르완다의 아이러니한 현실

르완다는 세계에서 가장 높은 비율의 여성 국회의원 수를 자랑한다. 이러한 변화가 시작된 최초의 사건이 있다. 르완다는 토착부족인 후투족과 소수 민족인 투치족 간의 종족 분쟁으로, 1944년 80만 명에 달하는 르완다인들이 대량 학살을 당했다. 당시 살해되지 않고 남은 인구의 70퍼센트가 여성이었다.

26년 후 르완다 의회의 61퍼센트가 여성인 데 비해 다른 민주국가의 의회에서 선출된 여성 대표의 세계 평균은 25퍼센트에 불과하다(2020년 3월 기준). 또한 공공 부문의 일자리는 매우 건강한 성별 분리가 이뤄지는데, 예를 들어 판사의 50퍼센트가 여성이다. 그런 면에서 르완다는 앞서가고 있다.

"하지만 여성이 대낮에는 입법 활동을 하더라도 밤에는 함부로 외출할 수 없다." 뉴욕 콜게이트대학교의 평화 및 분쟁해결 연구 부교수인 수전 톰슨Susan Thomson의 말이다. 그녀는 대량 학살 이후의 르완다 상황에 대해 다양한 글을 썼고 2018년에 발간한 『르완다-대량 학살에서 위태로운 평화로Rwanda-From Genocide to Precarious Peace』에서 그 복잡한 상황을 생생하게 묘사했다.

톰슨은 여당인 르완다 애국전선(RPF)이 지역의 리더로 여성이 자리 잡을 수 있도록 추진했고, 이를 통해 농경제 수준에 머물던 지역 경제 상황을 변화시켰다고 설명했다. 앞으로 진정한 민주주의를 위한 기회가 더욱 열려 있다고 말했다. 아직도 해야 할 일이 많았다.

르완다의 새로운 사회는 성별에 따른 한계선을 벗어나는 중이다. 톰슨 교수는 다음과 같이 덧붙였다.

"역사적으로 르완다 여성은 남성에게 의존해왔다. 남편은 집밖에서 일하며 모든 중요한 결정을 내렸고, 아내들은 가정을 관리하면서 결혼 전에는 아버지와 남자 형제들에게, 결혼 후에는 남편과 그 친척들에게 경제적으로 의존하며 살았다. 대량 학살의 생존자들은 이런한 전통적인 구조가 더는 가능하지 않다는 사실을 깨달았고, 새롭게 구성된 인구 통계를 반영한 변화를 이루기 위한 길을 모색했다."

톰슨은 내게 위스콘신대학교 정치학자 에일리 마리 트립Aili Mari Tripp을 소개해줬다. 그는 여성의 권리 신장은 전쟁의 긍정적 산물이라고 언급했다. 르완다도 예외가 아니다. 그러나 다른 분쟁 후 사회와 마찬가지로 전통적인 성 규범으로부터 혜택을 받던 남성들은 그러한 변화에 저항했다. 따라서 여성 국회의원들은 가사를 돌보면서도 적극적인 공공 리더가 되어야 한다는 기대를 받는다.

르완다 사회학자 저스틴 우부자Justine Uvuza는 르완다 정치에서 가장 영향력 있는 여성들의 남편과 남자 친척들조차 여전히 그녀들이 모든 집안일을 하기를 기대한다는 사실을 발견했다. 한편 농촌 지역 여성들은 여성만이 맡을 수 있는 낮은 공직에 임명되는데, 무급 업무량은 증가하고 그들의 삶과 관련된 남성들의 시기를 받으면서 경제적 안정까지 위협받고 있었다.

선망받는 공적 지위를 가진 일부 여성들조차 이런 아이러니한 현상을 겪는다. 사생활에서는 전통적 성별 기대치에 맞춰 살아야 하는 것이다.

젊은 여성과 소녀들도 대가를 치르고 있다. 르완다의 가정 폭력은 최고 수준이다. 게다가 전 세계에서 강간율 1위를 자랑한다. 힘센 남성들이 강조하는 전통적 성별 규범은 대량 학살이 끝난 이후 르완다 일상생활의 사회적·인구학적 현실을 따라잡지 못했다. 유엔개발계획에 따르면 르완다 여성 3명 중 1명은 남성 친척들에게 폭력을 당했거나 계속 당하고 있다.

단지 르완다만의 문제가 아니다

르완다 같은 사례가 단지 '개발도상국'에만 국한된 것은 아니다. 서구는 남반구에 있는 나라에서 발생하는 여성에 대한 무분별한 억압을 계몽되지 않은 사회, 경제, 문화적 환경 탓으로 돌리는 경향이 있다. 하지만 선진국에서 발생할 때는 계몽 흐름에 역행하는 일부 소수의 범법 행위로 여기며 작은 문제로 치부한다.

프랑스에서는 자유, 박애와 더불어 평등을 3가지 핵심 가치로 정의한다. 하지만 프랑스는 3일에 한 번꼴로 파트너에게 여성이 살해당하는 나라다. 그 수치는 영국에서도 거의 똑같다. 미국에서도 거의 3분의 1에 달하는 여성이 일생 동안 어떤 형태로든 가정 학대를 경험한다.

미투(#MeToo)와 같은 성희롱 방지 캠페인과 함께 이런 통계를 비춰볼 때 충격적인 깨달음은 소수 집단의 일탈 행위로 치부할 수 없는 폭력이 일상적으로 행해지고 있다는 사실이다. 통계상 부정할 수 없는 많은 숫자의 남성에게 책임이 있는 것이다.

책임의 정도를 정의하는 것은 어려운 일일 수도 있다. 대중에게 맹비난을 불러올 수 있는 가장 끔찍한 부류가 있다. 바로 현실 속 포식자들이다. 그저 젊은 사내들, 형제들, 남자 동창들의 문화에 참여하거나 단순히 그들의 말과 행동을 묵인하면 크게 책임감을 느끼지 못한다. 심지어 남자 탈의실 같은 제한된 공간에서조차 남성과 여성 관계에서 이뤄지는 힘의 균형에 대한 편향된 관점을 강화하는 대화가 거리낌 없이 오고간다.

그들 행동을 모두 외부 요인 탓으로 돌릴 수는 없지만 그 영향은 분명하다. 문화 규범은 몸부림쳐도 떼어내기 힘든 가시바늘과 같다.

무의식적 편견은 이런 규범을 통해 형성되고, 그 범위 안에서 작동한다. 이는 끔찍한 가정 학대를 보여주는 통계 수치로 나타난다. 고맙게도 모든 이가 극단적인 행동을 보여주는 것은 아니다. 그러나 한 가지는 확실하다. 무의식적 편견은 출신 배경이나 교육 수

준과 상관없이, 그리고 머나먼 곳으로 떠나 산다고 하더라도 어느 정도 영향을 끼친다는 것이다.

유엔 보고서에 나오는 노르웨이 보육 법안으로 돌아가보자. 노르웨이 지방의회에 속해 있던 남자들은 정책을 수립하면서 돌봄-친화 근육을 발휘하지 않았다. 또한 몸에 지닌 무의식적 편견에 주목하지도 않았다. 그저 보육 조항의 필요성을 간과함으로써 자신들이 아이들 보호에 큰 관심이 없다는 사실을 보여줬다. 그들이 그만큼의 부끄러움을 느끼고 사과할 수 있도록 관련된 실수에 대한 지적을 받기를 바랄 수도 있다. 내가 그런 위치에 있었다면 아내 케이티에게 멱살을 잡히는 상상 정도는 쉽게 떠올릴 수 있다. '고집불통 사내'라는 표현을 들어봤을 것이다. 이는 '남성적'이라는 단어에 대한 새로운 해석과 의미를 받아들이기를 거부하고 시대에 뒤떨어진 믿음과 태도를 고수하는 이들을 가리킨다. 나 자신이 그런 사람은 아니라고 생각하지만 사실 아직 몸속에 들어 있는 고집을 리모델링하는 작업이 여전히 진행 중인 것 같다. 케이티와 내 딸 밀리가 리모델링 작업을 지휘하는 공사 반장이다.

무의식적 편견을 개선하는 훈련은 평등으로 가는 다리의 틈새를 메꾸기 위해 필요한 방법 중 하나다.

변화를 가속하는 2가지 방법

많은 조직에서 좀 더 공정한 의사 결정을 하기 위해 힘쓴다. 그 과정에서 직원들이 불편하지 않도록 무의식적 편견의 지저분한 개입을 막기 위한 교육에 투자한다. 이는 박수갈채를 받을 만한 일이지만 그렇다고 기립박수 감은 아니다. 왜냐하면 대개 입사 이후 단 한 번에 그치기 때문이다. 대부분 이 한 번의 교육에서 약간의 깨달음을 얻기는 하지만 나머지 직장 생활 기간에는 자율적으로 자신을 통제해야 한다. 오랜 세월 뿌리박힌 행동이 단 60분의 교육으로 해결될 수 있을까?

실제로 습관을 만들기 위해 고독한 자율 훈련도 필요하지만 지속적인 외부 훈련 또한 중요하다. 고정관념에 따른 행동이나 태도, 잠재의식에 저항하며 배운 내용을 실생활에 적용할 수 있어야 한다. 특히 성별에 따라 나뉘는 진화론적 논쟁에 지속적으로 자극받는다면 더더욱 그렇다.

방법 1: 고정관념과 편견을 깨는 연습, 연습, 연습

무의식적 편견과 노골적인 차별이 정신 건강 문제, 우울증 그리고 더 심각하게는 건강과 안전 문제까지 일으킨다는 사실은 충격적이다. 진정한 포용은 갈등을 줄이고 더 건강한 작업 환경으로 이어진다.

보건 및 안전 정책에 대한 태도는 비웃음에서 이제 마지못한 수용 정도로 바뀌는 중이다. 한번은 비상시 사무실 공간에서 줄사다리를 타고 내려가는 방법을 알려주는 비디오를 한 시간 정도 교육받은 적이 있었는데 다시 볼 생각은커녕 지금껏 한 번도 써본 적이 없는 기술이었다. 하지만 매우 중요해서 분명히 훈련이 필요한 것들이었다. 예를 들어보자. 소방 훈련은 화재에서 모든 사람의 생존 가능성을 높이는 행동을 모아놨다. 이에 대한 훈련은 사실 법률로 규정되어 있다.

그렇다고 무의식적 편견이 불거질 때마다 비상 조끼를 입고 함성을 지르며 모든 사람을 비상구 밖으로 대피시키라고 제안하는 건 아니다. 그러나 훈련 이후에 정기적으로 심리 변화 상태를 테스트해본다면 배움을 체화하는 데 도움이 될 것이다.

조직 생활에서 무의식적 편견에 대한 소방 훈련은 경험적 학습을 포함할 수 있다. 관찰에 따르면 모든 단계의 직무 연차에서 편향된 선입견에 의해 심하게 왜곡된 여러 상황에 대한 역할극을 수행할 수 있다. 예를 들어 취업 면접, 직원 및 경영진 회의, 급여와 성과, 승진 검토 시의 상황을 들 수 있다. 올바른 자세로 임하지 않는 이들에게는 적절히 주의를 주고, 그 결과에 따라 재교육 프로그램을 고안한다. 모든 프로그램은 인사팀의 주관 아래 관리한다.

방법 2: 평등 감사 실시

법인은 매년 부정한 회계나 돈세탁, 조세 회피 행위를 하지 않았다는 것을 증명하기 위해 독립적인 재무 감사에 협조할 법적 의무가 있다. 이와 비슷하게 일정 규모 이상의 구성원이 있는 기업들은 사내 문화가 2010년 발효된 평등법(영국 평등법-옮긴이)을 준수하는지에 대한 감사를 매년 받아야만 한다. 얼마나 엄격하게 심사하는지는 평등을 위한 구체적인 시행책, 프로토콜, 의무 훈련 등을 보면 알 수 있다.

직원 간의 심도 있는 인터뷰가 그 과정의 핵심이다. 특히 법에 따라 보호되는 9가지 특성(나이, 장애, 성전환, 혼인과 사실혼, 임신과 모성, 인종, 종교와 신념, 성별, 성적 지향) 중 하나 이상을 가진 이들을 대상으로 이루어지는 것이 중요하다.

성공적인 감사로 세금 감면 혜택을 받을 수도 있다. 이는 기업을 동기부여하여 더 높은 수준으로 관리하게 만든다.

한편 평등 감사 법률안을 제정하는 현명한 날이 오기 전까지는 오직 일종의 자기 평가와 같은 자율적 조치에만 맡겨져 있었다. 진정으로 왜곡된 기존 문화를 바꾸려는 의지가 있는 조직이라면 입법 여부는 큰 상관이 없었을 것이다. 나는 9개 문항으로 구성된 평등 감사를 현실에 적용해 테스트해왔다. 적용하기 매우 쉽고, 조직의 상태를 빠르게 확인할 수 있는 장점이 있었다.

이 테스트는 명확한 사실적 흑백 답안을 요구한다. 예를 들면 이렇다. '성별 임금 격차가 조직에 존재하는가?' 이 질문의 답은 '그렇다, 아니다' 둘 중 하나다. 질문의 이런 형식은 조직 내에서 일하는 사람들(특히 평등법이 보호하는 특성을 가진 사람들)의 인식을 확인하려는 목적이다.

이런 인식에 기반한 질문은 팀 참여에 초점을 맞춘다. 이를 측정하는 일반적인 방법은 사람들에게 조직의 일원이라는 사실을 자랑스러워하는지, 일하기 좋은 곳으로 다른 사람들에게 추천할 만한지 등을 묻는 것이다. 두 질문에 모두 '예'라고 대답한다면 개인

평등 테스트

EQ 감사										
점수	Q1	Q2	Q3	Q4	Q5	Q6	Q7	Q8	Q9	평가
										탁월
3점										우수
2점										좋음
1점										나쁨

EQ 허들

0선
매우 나쁨

이 '참여'하고 있다는 것을 나타내는 지표다. 예를 들어 조직 외부의 다른 여성에게 자신의 조직을 일하기 좋은 곳으로 추천한다면 무언가 제대로 돌아가고 있다는 지표로 삼을 수 있다.

평등 테스트는 대차대조표와 비슷하지만 가로축을 중심으로 봐야 한다. 설문지에 적은 답변을 통해 얻은 점수에 따라 박스를 검은색으로 칠해서 위 그리드에 진행 상황을 표시할 수 있다. 만약 EQ(Equality) 허들 아래 모든 박스가 검은색으로 칠해지면 상상 가능한 최고의 상태에 있는 것이다. 대차대조표에 비유하자면 말 그대로 최고의 신용 상태다. 이 경우 맨 위 행 전체를 검은색으로 칠하여 보너스로 사용할 수 있다. 이 결과는 말하자면 EQ 허들을 훌쩍 뛰어넘었다는 의미다.

EQ 감사										
점수	Q1	Q2	Q3	Q4	Q5	Q6	Q7	Q8	Q9	평가
										탁월
3점			×					×		우수
2점	×		×	×				×	×	좋음
1점	×	×	×	×		×	×	×	×	나쁨

EQ 허들

0선
매우 나쁨

    대부분 조직은 아마도 아래와 같이 다양한 점수를 받을 것이다. 이 테스트에서 한 행의 모든 박스를 다 칠할 때까지 어떤 형태의 순위도 획득하지 못한다는 사실에 주목하자. 예를 들어 2점이 매겨진 행이 완전히 칠해지면 좋음으로 순위가 매겨진다. 하지만 대차대조표로 비유하면 아직 적자 상태이다. 장애를 뛰어넘어 평등 테스트에 합격하려면 3점짜리 박스를 모두 칠해야만 한다.

    이 연습을 통해 어떤 조직이든 평등을 실현할 수 있다고 주장하려는 것은 아니다. 하지만 어떤 조직의 평등 조치가 어떻게 인식되고 있는지를 알아보는 지표로서, 그리고 개선이 필요한 부분은 어디인지 파악할 수 있는 수단으로서 활용할 가치가 높다. 조직 내 사람들의 생각을 알아보는 것은 좋은 시작점이다. 인식이 가장 중요하기 때문이다.

평등 설문지[4]

질문 1.	점수
당신의 조직에 성별 임금 격차가 존재하는가(동일 업무에 대해 남자의 급여가 여자보다 높은가)?	
예: 0점	
아니오: 3점 – Q1의 세 박스 모두 칠해라.	
만약 예라고 답했다면: 이에 대한 이유와 남녀 임금 평등을 보장하기 위한 대책에 대해 경영진이 직원들에게 발표한 내용이 있는가?	
예: 1점 – Q1의 1점 박스를 칠해라.	
아니오: 0점	
만약 예라고 답했다면: 언제 평등한 임금이 실현되는지에 대한 기한이 발표되었는가?	
예: 1점 – Q1의 2점 박스를 칠해라.	
아니오: 0점	

질문 2.	점수
경영진과 회사 간부의 남녀 성비는 어떻게 되는가?(반올림을 적용하라)	
50 대 50 비율: 3점 – Q2의 세 박스 모두 칠해라.	
남성 60/여성 40 비율: 2점 – Q2의 아래 두 박스를 칠해라.	
남성 70/여성 30 비율: 1점 – Q2의 아래 박스만을 칠해라.	
남성이 70퍼센트 이상: 0점	

---

4 평등 설문지는 대형 부서와 팀 들이 있는 조직의 운영과 관련된 사람들을 대상으로 한다. 6번부터 9번까지의 질문에 답하기 위해서는 내부 구성원에 관한 조직의 정보에 접근할 수 있는 권한이 필요하다. 이런 팀 참여 질문은 이전 직원 조사에서 인사 업무를 통해 이미 요청됐고, 그 결과 역시 알려졌다고 가정했다. 모든 개인은 견고한 사실적 질문(1에서 5까지)에 답하면서 조직의 상태를 인식할 수 있다. 이 질문은 대중 지식으로 쉽게 접근할 수 있다. 그리고 6, 7, 8번 질문에서는 각 집단에 속한 한 명의 동료에게 2가지 참여 질문을 던진다. 나는 공동체 구성원 중 한 명만이 부정적 참여 반응을 보이는 것은 조직 내부에 더 큰 문제가 있다는 암시라고 생각한다. 즉 어떤 사람도 암흑 속에 남겨져서는 안 된다. 9번에서 처음 2가지 질문에 직접 답하고, 만약 여성이 아니라면 마지막 질문은 여성 동료에게 질문하라.

질문 3.	점수
흑인, 아시아인과 소수 인종들, 그리고 LGBT를 포함한 성 소수자들이 회사 간부에 포함되어 있는가? (회사의 소재지/국가 기준)	
예: 1점	
아니오: 0점	
흑인, 아시아인과 소수 인종 출신으로서 역할 모델로 삼을 만한 구성원이 회사 간부 중에 있는가?	
예: 1점	
아니오: 0점	
LGBT를 포함한 성 소수자로서 역할 모델로 삼을 만한 구성원이 회사 간부 중에 있는가?	
예: 1점	
아니오: 0점	

질문 4.	점수
법적 최소 출산 급여가 아닌 계약을 통한 출산 급여가 따로 있는가?	
예: 1점	
아니오: 0점	
자녀를 둔 직원의 통계적 다수가 업무에 복귀한 뒤 육아를 위한 요구 조건을 회사가 수용하고 유연하게 대처하고 있다고 생각하는가?	
예: 1점	
아니오: 0점	
자녀를 둔 직원의 통계적 다수가 아이를 갖는 것이 조직 내에서 커리어를 이어나가는 데 방해가 되지 않는다는 점에 동의하는가?	
예: 1점	
아니오: 0점	

질문 5.	점수
신체 장애인이 접근할 수 있는 업무 환경 구조를 갖추고 있는가? (이 질문에서 점수를 받기 위해서는 화장실, 경사로, 리프트가 있어야 합니다.)	
예: 1점	
아니오: 0점	

감각 장애인이 보호받을 수 있는 업무 환경 구조를 갖추고 있는가? (이 질문에서 점수를 받기 위해서는 청각 개선 루프, 색상 대조 신호 체계를 갖추고 조명 상황이 좋아야 합니다. 답을 잘 알지 못하겠다면 이 질문에 대한 답은 '아니오'입니다.)	
예: 1점	
아니오: 0점	
정신 건강 관련 문제가 있는 사람들이 상담받을 수 있는 체계와 이를 지원하는 제도를 운영하거나 지원하고 있나요? (답을 잘 알지 못하겠다면 이 질문에 대한 답은 '아니오'입니다.)	
예: 1점	
아니오: 0점	

질문 6.	점수
흑인, 아시아인과 소수 민족 출신 집단이 이곳에서 일하는 것을 자랑스럽다고 말합니까?	
예: 1점	
아니오: 0점	
흑인, 아시아인과 소수 민족 출신 집단이 다른 동일 출신들에게 이 조직을 일하기 좋은 곳으로 추천할까요?	
예: 1점	
아니오: 0점	
질문 6에서 2개의 '예' 답변을 획득했다면 이곳에서 보너스 점수를 가산합니다.	

질문 7.	점수
LGBT를 포함한 성 소수자 집단이 이곳에서 일하는 것을 자랑스럽다고 말하나요?	
예: 1점	
아니오: 0점	
LGBT를 포함한 성 소수자 집단 내의 사람들이 이 조직을 같은 특성을 가진 사람들에게 일하기 좋은 곳으로 추천할까요?	
예: 1점	
아니오: 0점	
질문 7에서 2개의 '예' 답변을 획득했다면 이곳에서 보너스 점수를 가산합니다.	

질문 8.	점수
자녀가 있는 직원들이 이곳에서 일하는 것을 자랑스러워하나요?	
예: 1점	
아니오: 0점	
자녀가 있는 직원이 같은 상황의 다른 부모들에게 일하기 좋은 곳으로 추천할까요?	
예: 1점	
아니오: 0점	
질문 8에서 2개의 '예' 답변을 획득했다면 이곳에서 보너스 점수를 가산합니다.	

질문 9.	점수
나이가 이 조직 내에서 성공하는 데 장애가 된다고 생각하나요?	
예: 0점	
아니오: 1점	
강한 정치적 또는 종교적 신념을 유지하는 것이 이 조직 내에서 성공하는 데 장애가 된다고 생각하나요?	
예: 0점	
아니오: 1점	
여성 팀원들은 여성이라는 조건이 이 조직 내에서 성공하는 데 장애가 된다고 생각하나요?	
예: 0점	
아니오: 1점	

불평등은 분쟁의 근원이다

이 챕터는 투쟁-도주 반응과 SRY 유전자가 남성 몸에 미치는 영향에 관한 연구로 시작했다. 남성이 돌봄-친화의 관점을 키워서 2가지 효과에 지적으로 대항할 수 있는지와 이를 통해 조직 문화를 어떻게 개선할 수 있는지를 물었다. 이 연구는 높은 스트레스 상황에서 여성의 기본 품성이 해답을 줄 수 있으며 또 조직 문화에 많은 이점을 줄 수 있다는 점을 제시하는데, 그중 중요한 것은 화합과 협력이 용이해진다는 점이다.

젱거 포크먼의 연구에 따르면 성공하는 데 필수적인 16개 역량에 대해 성별로 순위를 매겼더니 12개 부분에서 여성이 우월하다는 결과가 나왔다. 풍부한 의사소통과 업무 지도, 협력하는 자세 등이 포함된 능력이었다. 이런 역량을 경쟁력이라고 설명하는 것이 중요하다. 왜냐하면 경쟁력은 학습되기 때문이다. 나는 남자로서 투쟁-도주 반응을 하도록 설계된 유전자를 보유하고 있을지도 모르지만 훈련을 통해 돌봄-친화적인 사람이 될 수 있다고 믿는다. 이는 무의식적 편견의 불순한 영향에 맞서 최악의 문화적 규범과 싸우는 데 도움이 될 것이다.

세계적인 옥외광고 미디어 회사 포스터스코프의 전 사장 애니 리카드(내 사업 파트너이자 멘토)는 한때 내게 이런 말을 한 적이 있었다. 평범한 남성만큼 회사를 경영하는 여성이 많아지면 우리가 평등하다는 것을 확인하게 될 것이라고 했다. 애니처럼 성취도가 높은 많은 여성이 그 위치에 가기 위해 남성보다 각고의 노력을 해야 한다고 느낀다.

불평등은 기업, 정치, 문화의 발전을 가로막는다. 아마도 세계에서 가장 큰 분쟁의 근원이자 우리가 함께 시작해야만 하는 중요한 협업 프로젝트의 이유이다. 남자와 여자는 다른 행성에서 온 것이 아니다. 우리는 같은 종족이다. 서로 반대 진영에 앉아 다툴 이유가 전혀 없다. 현시대는 이제 서로가 서로를 이해하고 도울 수 있게 유연한 사고 근육을 기르라고 요구한다. 이를 위해서 세상 모든 인재가 공동으로 지닌 힘을 이용해 조화를 이뤄야 한다. 이제 시작할 시간이다.

I
Don't
Agree

보디랭귀지가
일으키는 갈등

보디랭귀지는 각 개인에게 지리, 문화, 사회, 심리학 같은 요소가 미치는 영

향을 정확히 파악하지 않고는 읽어내기 힘들다. 상대의 의사 표현을 잘못 읽

었을 때 문제가 생길 수 있다는 것은 이제 가능성을 넘어 사실로 보인다. 이제

어떻게 해야 할까?

많은 사람이 엄청난 이해관계가 걸린 회의를 하거나 어떤 갈등을 해결하는 과정에서 보디랭귀지를 잘 사용해야 한다고 말한다. 취업 면접을 볼 때도 마찬가지다. 비언어적 단서를 읽어내는 능력은 모든 협상에서 성공적인 결과를 끌어낸다.

친밀한 인간관계 맺기를 위해 심리학적 기술을 전수하거나 감정 지능을 연마하는 것을 돕는 해설은 여기저기에 많다. 나 또한 중요한 인터뷰가 있을 때마다 '미러링mirroring'(타인의 행동이나 말투를 따라 하는 것-옮긴이)에 관한 이런저런 내용을 찾아 읽는다.

그러나 보디랭귀지는 각 개인에게 지리, 문화, 사회, 심리학 같은 요소가 어떤 영향을 미치는지 정확히 파악하지 않고는 읽어내기 힘들다. 이에 더해 대개 합의된 사회적 단서가 모든 사람에게 예상된 반응을 실제로 끌어내지 않을 수도 있다. 설상가상으로 우리의 선한 의도와 달리 적개심을 불러일으킬 수도 있다.

무심코 한 행동이 오해를 부르기도 한다

내가 겪은 실제 사례다. 절대 유쾌하지 않을 것이다. 그런데도 굳이 이 이야기를 꺼내는 이유는 악취미가 있어서가 아니라 자신이 가진 자연스러운 사회성이 다른 이에게 스트레스를 줄 수 있다는 사실을 알려주고 싶어서다.

사람들 사이에 존재하는 일부 벽을 뛰어넘기 위해서는 높은 감정 지능 이상의 뭔가가 필요하다.

이해를 위해서 덧붙이자면, 나는 런던 중심가 휘트필드 거리에 있는 자선단체의 무료 급식소를 운영하는 이사이다. 2019년에는 크라우드펀딩을 통해 기부금을 받아 정신건강센터를 마련해 서비스를 확장했다.

모든 노숙자의 대략 80퍼센트가 이런저런 형태의 정신 건강 문제를 가지고 있다. 무료 급식소가 단지 길거리 삶을 유지시키기만 한다는 비판을 받아오던 터라 정신 건강 문제를 개선해 어떤 변화를 만들어내고 싶었다. 현재 브렛 그렐리어 박사가 이끄는 심리상담사와 인지행동치료사 팀이 정신건강센터를 맡고 있다. 신뢰할 수 있는 환경에서 건강 문제를 직시하고 치료를 받음으로써 노숙자들이 자립하는 삶으로 돌아갈 수 있도록 돕고 있다.

그렐리어에게 일을 맡기기 전에, 급식소에 초대해 우리 손님들을 만날 수 있게 했다. 내가 음식을 배급하는 동안 그가 다가오더니 왜 모두에게 미소를 보내는지를 물었다.

그렐리어의 질문에 나는 당황했다. 아마 다른 사람이었어도 같은 반응을 보였을 것이다. 나는 미처 내 입이 무엇을 하는지 알지 못했다. 많은 사람이 친근해 보이고 싶어 본능적으로 미소를 지을 것이다. '그렇지 않아도 어려운 처지에 빠진 사람들에게 다정한 얼굴을 보였다 한들 뭐가 잘못이지?'라고 나는 생각했다.

그렐리어 박사는 상당수 노숙자들이 어린 시절 여러 번 부정적 경험adverse childhood experiences, ACEs을 겪었을 가능성이 크다고 설명했다. 주로 폭력과 성적 학대를 당한다. 그렐리어는 직설적으로 말을 이어갔다. 이런 충격적인 사건들은 보통 자신이 신뢰하는 사람의 '친절한' 미소에서 시작된다고 했다.

따라서 세월이 흘렀더라도 과거 학대 피해자들에게 보여주는 친절은 본능적인 위협 메커니즘을 자극할 수 있다. 이는 불안이나 두려움, 혐오감 등의 감정을 만들어내 자기파괴적인 행위로 이어질 수 있다고 위험을 경고하는 내면의 경보 시스템이다. 여기에는 투쟁-도주나 완전한 자폐 반응이 포함될 수 있다. 누군가 친절을 베풀면 자신도 모르게 어린 시절의 고통과 그에 수반되는 신체적 반응, 즉 증가하는 심박 수, 식은땀, 두려움, 불안 그리고 노골적인 적대감을 다시 느낄 수 있다.

그렐리어는 무표정을 유지하는 것이 우리 서비스 이용자들과 초기에 신뢰를 쌓는 데 중요하다고 조언했다. 미소를 지을 수는 있지만 신뢰가 구축된 이후여야 한다는 것이다.

따뜻한 마음으로 지은 내 미소가 학대로 이어지는 위협으로 느껴지고, 또 그들이 미래에 만날 미소 역시 같은 위협으로 작용할 수 있다고 생각하니 깊은 슬픔이 느껴졌다.

이 경험은 내가 개인적 인간관계 속에서 얼마나 많은 웃음을 보였는지를 되돌아보게 했다. 만약 미소가 위협으로 인식될 수 있다면, 분명 다른 몸짓과 감정적 표현 역시 의도한 바와 다르게 받아들여질 수 있다. 이는 지금까지 본의 아니게 내 몸짓이 누군가에게 어떤 적개심을 불러일으킨 것은 아닌지 생각해보는 계기가 됐다.

시야를 넓혀보자. 세계에서 일어나는 문제 중 일부는 자신의 의도를 표현하는 방법과 상대방이 그 의도를 받아들이는 방법 사이의 불일치 때문일 수 있다. 이에 답하기 위해서는 보디랭귀지에 대해 더 알아볼 필요가 있다. 감정의 세계로 들어가보자.

감정이 우리에 대해 말해주는 것들

비교적 덜 알려진 심리학 서적 『인간과 동물의 감정 표현』(사이언스북스, 2020)에서 찰스 다윈은 감정이 인간의 내면 상태를 외적으로 표현함으로써 의사소통을 돕기 위해 진화했다고 주장한다. 감정은 또한 관련된 행동을 할 수 있도록 신체를 준비시킨다.

종종 사무실에서 힘든 하루를 보내는 동안 슬픔에 압도될 때가 있다. 이때 취할 수 있는 선택은 매우 다양하다. 울음이 터져 갑자기 화장실 구석칸을 찾아야 할 수도 있다. 모든 칸이 다 차 있으면 감정은 자기도 모르게 분노로 바뀌어 뻘건 얼굴로 "빨리 좀 나와!"라며 문을 쾅쾅 두드릴 수도 있다. 이 모습을 지켜보는 누군가는(아마도 소란의 책임을 묻기 위해서겠지만) 그 사람의 감정을 알아차릴 수 있다.

다윈은 1872년 출판된 위 책의 서문에서 감정과 이에 수반되는 몸짓이 "전 세계에 걸쳐 놀라울 정도로 동일하게 표현된다"고 서술했다. 이를 "인류를 구성하는 모든 인종의 신체적 구조와 정신적 성향에 대한 밀접한 유사성"의 증거라고 덧붙였다.

보디랭귀지 마니아들에게 흥미로운 이야기일 텐데, 다윈은 몇몇 표현이 실용적인 목적을 위해 진화해왔다고 주장했다. 놀랐을 때는 눈썹을 치켜뜨는 것이 특징이다. 만약 앞서 가열차게 두드렸던 화장실 칸막이 뒤에서 회사의 사장이 불쑥 나타난다면 당사자의 눈썹은 치켜올라가면서 시야는 넓어질 것이다. 눈동자가 더 많이 노출되고 자유롭게 움직일 수 있다. 그리고 사장이 바지춤을 추스르는 모습을 더 명확하게 볼 수 있을 것이다.

1970년대로 돌아가 다윈 이론의 타당성을 둘러싸고 벌어진 뜨거운 논쟁을 살펴보자.

심리학자 폴 에크먼Paul Ekman은 우리 모두가 보편적으로 경험하는 6가지 기본 감정을 행복, 슬픔, 분노, 혐오, 두려움, 놀라움으로 요약했다. 에크먼은 각각의 감정이 독특한 얼굴 표정으로 나타난다고 주장하면서 보디랭귀지를 해석할 때 이를 유념해야 한다고 말했다. 그는 이를 '보편성 가설universality hypothesis'이라고 불렀다.

에티오피아인은 슬픈 에스키모인의 얼굴 사진을 보고 휴지를 건네려는 충동을 참으면서도 다른 자극 없이 그 감정을 인식할 수 있다. 이것이 정확히 에크먼이 자신의 결론에 도달한 방법이다. 다양한 표정의 사진들을 관찰자에게 보여주고 그 감정을 판단해보라고 요구했다. "12가지 문화권에서 얼굴 표정에 기인한 특정 감정에 관한 매우 높은 의견 일치가 발견됐다." 이 실험은 2개의 고립된 뉴기니 문화인 사우스포어와 다니에서도 동일하게 이루어졌다. 고립된 지역에 거주하는 사람들에게 실험하는 것도 중요했는데, 왜냐하면 이들은 다른 문화로부터 어떤 특정 행동방식을 배울수가 없었기 때문이다. 뉴기니인들은 문명사회의 관찰자들이 구별한 감정을 대부분 알아봤지만 전부를 인식하지는 못했다.

기본 감정에 대한 학계의 논쟁은 아직 진행형이다. 우리가 감정적이라고 묘사할 수 있는 모든 것을 에크먼 리스트의 변형이라고 볼 수 있다. 예를 들면 우울은 슬픔과 분노의 변형일 수도 있고, 분노보다 더 높은 강도의 감정일 수도 있다. 그러나 다른 심리학자들은 훨씬 더 넓은 감정의 본체를 한 계열로 분류한다. 화, 분노, 좌절, 짜증, 진저리 등은 축구 경기에 함께 가기 싫은 형제 그룹일 수도 있다.

다른 사람들은 여전히 관련 감정 그룹을 '계층hierarchies'이라고 부른다. 사랑이라고 하면 애정, 욕망과 같은 종속적인 감정으로 뒷받침되는 행복의 변형일 수 있다. 이는 내 아마추어적인 해석이지만 감정의 분류에 관한 연구, 그리고 우리가 얼마나 많은 감정을 지니고 있는지와 또 이를 어떻게 표현하는지에 관한 연구는 수백 가지가 존재한다. 갈등 해결을 돕기 위해 보디랭귀지를 해석하는 것의 문제점은 감정의 강도나 다양한 굴곡을 묘사하는 단어가 너무 많다는 것이다. 그리고 이를 표현하는 미묘하게 다른 비언어적 방법 역시 너무 많다는 점이다.

누군가의 얼굴이 약간 곤혹스러운 상태에서 짜증으로 넘어가는 변화를 읽어낼 수 있을까? 만약 그렇다면 뛰어난 협상가가 될 것이다. 그 이유는 다음과 같다.

사회적 맥락에 따라 몸짓이 다르다

각각의 사회적 맥락에 따라 감정을 표현하는 어느 정도 표시 규칙이 있다. 1972년 교차문화 연구에서 에크먼과 월리스 프리센은 신체를 훼손하는 끔찍한 장면이 나오는 영화를 일본인과 미국인 그룹에게 보여주는 실험을 했다. 그들이 그 실험에 왜 참가했는지 이해할 수는 없지만 아무튼 두 나라 참가자들 모두 혼자서 영화를 보며 분노, 슬픔, 두려움, 혐오 등이 오가는 표정을 지었다.

그러나 지위가 높은 과학자와 함께 같은 공간에서 영화를 볼 때 대다수 일본인은 부정적 감정을 감추기 위해 미소를 지었다. 반면에 미국인들의 반응에는 변화가 없었다. 1998년 《아시아 심리학 저널》에 실린 논문에서 에크먼과 프리센은 개인주의 대 집단주의 사회의 맥락에서 이를 설명했다. 미국 사회는 자율성과 개성을 중요시하며 집단의 욕망보다 개인의 욕망을 강조한다. 일본 사회는 협동을 장려하고 집단의 요구를 강조하며 지위와 위계질서를 유지하는 데 중점을 두는 집단주의 문화의 특성을 갖고 있다(우리는 다음 장에서 이런 사회에 대해 더 자세히 살펴볼 예정이다). 이 논문은 일본인들이 집단의 화합과 위상을 지키기 위해 역경 앞에서도 미소를 띠었다고 주장한다.

이는 현재 학문적 갈등을 빚고 있는 주제다. 2012년 글래스고와 스위스 프리부르대학교의 연구 팀이 발표한 '감정을 얼굴로 표현하는 것은 문화적으로 보편적이지 않다'라는 제목의 논문은 서양인들이 그들의 집단에서 공통되는 뚜렷한 얼굴 특징으로 6가지 기본 감정을 각각 나타내는데, 동아시아 사람들과는 차이가 있다고 했다.

연구 팀은 4,800개의 무작위 4D 얼굴 움직임 패턴을 생성하는 컴퓨터 프로그램을 사용했다. 이는 얼굴 근육이 움직이는 방식을 시뮬레이션하기 위해 개발자들이 상당한 노력을 기울여 코딩한 프로그램이었다. 무엇을 보는지를 감정과 그 강도로 분류했는데 서양인과 동아시아인 사이에서도 차이가 관찰되었다. 동아시아인들은 놀라움, 두려움, 혐오감, 분노를 구분할 수 있는 통계적으로 유의미한 방법을 찾기 힘들었다. 그들은 또한 '특징적인 활발한 눈의 움직임'으로 감정의 강도를 나타냈다. 나는 이 부분이 흥미로웠다. 보디랭귀지가 언어처럼 지역 방언을 가지고 있음을 암시했기 때문이다.

저자들은 "얼굴 표현 신호는 사회적 상호작용을 하는 동안 감정을 소통하는 역할을 할 수 있게 진화해왔다. 그 결과 한때 생물학적으로 견고하게 연결되고 보편적이었던 이러한 신호들이 사회적 소통에 사용하는 문화집단의 다양한 사회적 이념과 관행에 따라 재형성되었다"고 결론 내렸다.

우리가 배운 감정과 표시 규칙

모든 자료를 살펴본 결과, 과학은 우리 모두에게 공통된 기본 감정이 있다고 한다. 하지만 이를 어떻게 표현하고 억누르는지, 어떻게 해석하는지는 우리가 누구이고 어디 출신인지에 따라 왜곡될 수 있다.

우리의 보디랭귀지는 각자의 문화적 배경에 따라 경계가 있다.

살아온 인생 경험이 크게 다른 사람과 소통하는 것은 쉽지 않다. 무료 급식소에서 배웠듯이 나는 좋은 의도로 표현했지만 우호적인 느낌 대신 오히려 적대감을 조성할 수도 있다.

나는 다양한 사회적 스펙트럼 중에서 반대편에 있다 할 수 있는 일본 기업이 완전히 소유한 기업을 운영하고 있다. 동양에서 온 동료들과 가까워질수록 서로를 대하는 태도, 자세, 그리고 대응 방법에서 분명한 문화적 차이를 느끼지 않을 수 없었다. 우리는 합작 투자한 자본과 공동의 목표가 있기 때문에 이를 함께 헤쳐 나간다.

만약 다른 우주에서 공동의 고객으로부터 함께 일하도록 요청받은 별개의 경쟁 사업자라면, 모두가 그렇게 우호적인 시각으로 서로의 보디랭귀지를 읽을 수는 없을 것이다. 예를 들어 국가 외교적인 큰 이익이 걸려 있을 때 한반도의 화합을 위해 노력하는 서양 정치인이 보디랭귀지를 잘못 읽는 여러 가지 실수를 저지르고 합의에 어설프게 대처할 수도 있다. 지금까지 줄곧 골칫거리 중 하나였을 터이다.

나는 잘못된 감정 표현이 핵탄두의 뇌관을 제거할 수도 있다고 주장하는 것이 아니다. 이런 종류의 문화적 오해가 세계 평화에 영향을 미칠 수도 있다. 인간은 위협을 기본 근거로 삼아 정보를 처리하는 편향이 있다. 긍정적인 정보보다 위협은 더 강력하게 관심을 사로잡기 때문이다. 자신의 마지막 업무 성과 검토를 되돌아보면 이해하기 쉽다. 좋았던 부분을 묘사하는 데 사용된 미사여구가 아니라 개선해야 한다는 부분에 마음이 더 끈적하게 남았을 것이다.

이런 부정적 편견은 두려움이나 분노 같은 위협 기반의 감정을 촉발하며 자기 자신을 보호하라는 동기부여를 한다. 이때 곰곰이 생각을 거듭하여 약점을 개선하는 쪽으로 시도해볼 수 있다. 아니면 미사일을 발사하기 위해 빨간색 버튼을 주먹으로 내려칠 수도 있다. 미국 전 대통령 도널드 트럼프가 트위터에 파괴적인 감정을 분출하는 것과 같다. 그에게 소셜미디어는 일급 전시 상황이다.

앞서 내가 제기한 문제, 즉 상대의 의사 표현을 잘못 읽었을 때 세상에 문제가 생길 수 있다는 것은 이제 가능성을 넘어 사실로 보인다. 이제 어떻게 해야 할까?

보디랭귀지를 오해해서 일을 망치지 않으려면

첫 번째 단계는 보디랭귀지에 관한 모든 자력 구제 자료를 쌓아놓고 불태워버리는 것일지도 모른다. 성냥을 긋기 전에 우선 우리가 살펴봤던 사회학적·문화적 벽을 통과할 수 있는 방법이 있는지부터 살펴보자. 일단 의사에게 물어보는 것부터 시작해보자.

1. 골디락스 접근법

브렛 그렐리어 박사는 누군가와 처음으로 만날 때 바로 미소 짓지 않는 것이 여러 상황에서 유용하다고 말한다. 국제 외교나 사업상의 미팅에서 개인적 상호작용의 초기 단계일 때 자신의 모습을 느끼면서 몇 분 정도 시간을 보내는 것도 좋다고 생각한다. 그는 이것을 '골디락스goldilocks 접근법'이라고 설명한다. 골디락스는 일반적으로 너무 뜨겁지도, 너무 차갑지도 않은, 딱 적당한 상태를 가리킨다. 진정한 고수는 '온도'가 '적절하다고' 느낄 때까지 감정톤을 조절한다. 전해오는 이야기처럼 너무 급하게 들이키지 않기 위해 뜨거운 죽에 나뭇잎을 몇 개 띄우는 것과 같다. 나는 이렇게 이해했다. 처음부터 환하게 미소를 짓는 것은 온도 조절기를 최대 온도로 설정하는 것과 같다. 이후에 온도를 더 높일 수 없다. 그뿐만 아니라 톤을 낮추면, 무한정 활짝 웃을 수 없기 때문에 에너지를 절약하는 것이다. 하지만 이는 직관적으로 경험을 통해 배우는 것 말고 다른 방법은 없어 보인다.

2. 의도를 설정하라

그렐리어는 얼굴에 드러내는 것만큼이나 내면에서 일어나는 일이 중요하다고 말한다. 올바른 마음가짐이 신뢰를 쌓는 데 필요한 보디랭귀지로 이어져야 한다. 만나기 전에 따뜻하고 협력적인 마음으로 '설정하는' 시간을 갖는다면 이후에 자기를 표현하는 데 긍정적인 영향을 미칠 것이다. 결국 이는 같은 공간에 있는 사람들에게도 긍정적인 영향을 미칠 것이고 문화적 차이를 넘어서는 데도 도움이 된다.

나는 이 부분에 매력을 느꼈다. 분쟁의 양 당사자들이 회의를 준비하기 위해 약간의 정신체조를 하는 모습이 연상됐다. 조깅하는 사람들에게 스트레칭을 훈련시키는 코치가 있는데, 이번에는 그 대상이 마음인 것이다. 만약 모든 당사자가 기꺼이 그 연습에 협력한다면 만남은 정말 긍정적인 방향으로 뻗어나갈 수 있다. 이 생각을 그렐리어에게 말했더니 생각을 구체화하는 것은 실제 은유 이상의 효과가 있다고 했다.

3. 미주신경이 중요하다

우리는 미주신경 기능을 발달시켜 인지 능력을 키우고 스트레스에 대한 저항력을 높일 수 있다. 이것은 협상할 때도 도움이 된다.

미주신경은 뇌에서 심장, 폐, 복부로 뻗어 있다. 사실 거의 모든 장기와 연결되어 있다. '미주'라는 이름은 분포가 넓고 복잡해서 붙여진 이름이다. 주요 기관의 미각과 운동 기능 같은 감각 정보를 담당한다. 미주신경이 없다면 우리는 삼키고, 말하고, 땀을 흘리고, 화장실을 사용하는 등과 같은 활동이 어려울 것이다.

중요한 것은 미주신경이 전체 신경계의 균형을 잡는다는 사실이다. 신경계에는 교감신경계와 부교감신경계가 있고, 이 2가지 기능성 신경다발의 조합이다. 교감신경계는 스트레스 호르몬 생산을 활성화하고, 혈압뿐만 아니라 심장과 호흡수를 증가시키며 우리가 더 많은 경각심과 에너지로 행동할 수 있도록 준비하는 기능을 담당한다. 부교감신경계는 진정, 이완, 에너지 저장과 관련 있다. 이 두 신경계는 내외부 상황에 맞게 길항작용을 하여 몸의 '항상성'을 유지한다.

교감신경계와 부교감신경계 사이의 상호작용은 각각의 심장박동 사이의 시간 간격에 변화를 일으킨다. 건강한 심장은 메트로놈 박동을 유지하지 않는다. 대신 밀리초 단위로 측정하면 각 연속 심장박동 사이의 간격이 일정하게 변한다는 것을 알 수 있다. 이를 '심박 변이도(HRV)'라고 부른다.

심박 변이도가 크고 높은 사람들은 경영 업무에 탁월한 성과를 보이는 것으로 나타났다. 여기에는 조직화, 우선순위 지정, 계획 및 업무 수행, 자기 통제, 정서적 대응, 주의를 기울이고 다른 이의 관점을 이해하는 일 등을 포함한다. 이런 능력은 확실히 갈등 해결과 관계 구축에 유용하다.

신경계는 모든 인간에게 보편적으로 존재한다. 문화적 영향의 통제를 벗어나고 어떤 국경도 인식하지 못한다.

하지만 신경계를 어떻게 물리적으로 통제할 수 있을까?

4. 길게 숨을 내쉬어라

1921년 노벨 생리학상 수상자인 오토 뢰비Otto Loewi는 미주신경에서 발견된 물질을 개구리의 심장에 직접 뿌려보았다. 그랬더니 양서류의 심박 수가 즉시 느려졌다. 그는 이 물질을 독일어로 모호한 물질이라는 뜻의 'vagusstoff(바구스토프)'라고 불렀고 이는 나중에 '아세틸콜린'이라는 이름을 얻는다. 이것은 과학자들이 발견한 최초의 신경전달물질이었다. 개구리는 그닥 기쁘지 않았을지 모르지만 인류는 기쁨의 환호성을 질렀다.

인간이 스스로 로위의 실험을 따라 할 수 있다는 것은 놀라운 일이다. 우리는 의식적으로 미주신경에 개입하여 약간의 아세틸콜린을 분비할 수 있고, 이를 통해 진정 효과를 유도할 수 있다. 만약 스트레스를 받아 투쟁-도주 반응이 자극을 받더라도 심리적으로 이 작용의 스위치를 내릴 수 있는 것이다. 점점 흥미로워지지 않는가.

바로 간단한 호흡 운동이면 충분하다. 숨을 깊게 들이마시고 그 2배의 시간을 들여 길게 숨을 내쉬어라. 그리고 이를 수차례 반복하라.

우리가 숨을 들이마실 때, 교감신경계가 심박 수를 잠시 가속화하도록 만들기 때문에 효과가 있다. 박동 간격은 짧아지고 HRV는 감소한다. 숨을 내쉴 때 부교감신경계가 활성화되며 부교감 신경 전달물질인 아세틸콜린을 분비하여 심박 수가 느려지고 HRV가 증가한다. 이는 박동 간격의 길이가 달라지기 시작한다는 것을 의미한다.

드 쿠크De Couck 등이 이끄는 브뤼셀 브리제대학교 연구 팀의 2019년 연구(호흡이 더 나은 결정을 내리는 데 도움이 되는 방법: 호흡 패턴이 심박 수 변동 및 의사 결정에 미치는 영향에 관한 2가지 연구)는 이러한 호흡 기법이 미주신경에 관여하고 HRV를 증가시키며 의사 결정을 개선한다는 사실을 보여주었다.

한 테스트에서 사업과 관련된 중요한 의사 결정을 잘하는지 시험해보기 전에 이 반복적인 호흡 운동을 2분 정도 한 사람들은 단지 비디오만 본 사람들, 즉 호흡 운동을 하지 않은 대조군보다 높은 점수를 받았다. 연습을 한 사람들은 실험 중 낮은 수준의 스트레스를 보였고, 대조군보다 통계적으로 더 높은 비율의 정답률을 달성했다.

크리스 베르그란트Chris Bergland는 지구력 운동 선수이자 심리학자, 심리학 저자이며 투쟁-도주 반응과 싸우는 미주신경 능력의 예찬론자이다. 그는 4초간 들숨과 8초간 날숨의 4 대 8 비율을 조언한다. 이는 분당 5회 사이클에 해당한다. 으레 스트레스를 많이 받는 회의를 앞두고 이 연습을 몇 분간 하면 투쟁-도주 반응의 스위치를 내리는 데 효과가 있다. 그리고 협상에서 더 나은 결과를 끌어낼 수도 있다.

서로 의견이 충돌하거나 다른 사람에게 동의하지 않는다고 말하는 상황은 누구에게나 스트레스를 유발한다. 감정이 끓어오르면서 상황을 압도해버린다. 잠재적으로 일을 망치는 방향으로 자극할 수 있다. 누구도 상대방의 감정적 표현 범위에서 화를 완전히 없애려고 해서도 안 되지만, 보통 차분하고 사려 깊은 단어로 의견 차이를 설명하는 것은 도움이 된다. 주어진 스트레스의 양을 감안할 때, 이를 진정시키기는 달성하기 어려운 목표이기도 하다. 의견 불일치의 어느 한쪽 당사자가 완전히 다른 배경을 가졌다면 상황은 더 힘들어진다.

　테이블 반대편에 있는 사람들이 우리의 보디랭귀지를 잘못 해석해 더욱 긴장하는 상황은 마지막까지 피해야 한다. 각자가 살아온 문화적 배경의 영향을 받아 감정을 표현하고 인식하는 방식에 차이가 있는데, 다행히도 이 차이의 균형을 잡는 데 도움이 되는 방법이 있다. 바로 신경계의 힘으로 몸과 마음을 협상에 유리한 상태로 만드는 것이다. 숨을 깊이 들이마시고, 내쉬면서 미주신경계에 개입하라. 또한 불필요한 미소를 짓고 있지는 않은지 확인한다. 이를 통해 신체 기능을 활성화할 수 있다. 우리가 어디 출신인지, 문화적 배경이 무엇인지와 상관없이 모두에게 진정 보편적으로 효과가 있다.

협상하기 전에 필요한 사전 준비

협상할 당사자들을 만나기 전에 마음을 협력적이고 열린 상태로 미리 설정하라. 만들고 싶은 분위기와 자신의 행동에 상대방이 어떻게 호응할지 시각화해보라.

반복적인 호흡 운동을 통해 미주신경을 조절하라. 정해진 시간 동안 들이마시고 2배 더 길게 내쉬면 진정 효과가 일어난다. 신경계가 일으키는 반응은 감정적 표현과 달리 우리 모두에게 공통적이다.

자신의 방식을 느껴라. 일단 상대방을 만나고 대화를 시작하면, 엄격하게 중립적인 표정으로 시작해서 적절하다고 느낄 때까지 천천히 톤을 조절하면서 대화를 교환하라. 이것이 골디락스 접근법이다.

7단계

I Don't Agree

결국
관점이 문제다

다른 문화를 받아들여라.

더 많은 관점을 가져라.

동쪽으로 가라.

시야를 넓히는 데 도움이 될 것이다.

미국 정치과학자 새뮤얼 헌팅턴Samuel P. Huntington은 문명충돌이론에서 미래 사회의 주요 갈등 원인이 문화적 정체성일 거라고 주장한다.

우리 주변을 둘러보자. 만약 큰 도시에 산다면 주변 동료와 이웃들이 다양한 출신으로 구성되었을 확률이 높다. 서론에서 말했듯이 자신의 관점, 정체성, 신념, 이념은 서로 다른 목소리에 맞서 주목받기 위해 경쟁한다. 인류가 도시로 모여들면서 그 경쟁은 더 치열해졌다. 유엔은 2050년까지 세계 인구의 68퍼센트가 도시에 살 것으로 예측한다.

다양한 관점의 거대한 충돌은 말 그대로 새로운 우정을 형성하고 성장할 기회 역시 제공할 것이다.

문화는 클럽이다. 한 클럽의 회원이 되면 다른 클럽에서는 쫓겨난다. 이슬람과 기독교 클럽에 동시에 가입할 수는 없다. 민주당과 공화당 클럽도 마찬가지다.

하지만 민주당 혹은 공화당 내에도 기독교인과 이슬람교인이 섞여 있을 수 있다.

사회는 셀 수 없이 많은 원이 교차하는 벤 다이어그램(Venndiagram)과 비슷하다. 각 클럽은 공통으로 겹치는 교집합이 있다. 각각의 사이를 가르는 어떤 경계는 확고한 반면 또 어떤 경계는 유동적이다.

서로 다른 문화에서 오는 충돌

LGBTQ는 5개의 독립된 클럽이지만, 한 개 이상의 회원 자격을 얻을 수 있다. 게이이면서 트렌스젠더가 될 수 있다. 회원이 될 수 있는 다른 멤버십까지 생각하면 문제는 더 복잡해진다. 예를 들어 레즈비언이라면 이제 여성 클럽에도 속한다.

국회의원들은 소수 집단을 차별로부터 보호하기 위해 두루뭉술한 용어로 집단을 묶는다. 이는 차별주의자들에게 대항할 수 있게 숫자를 늘려 다수 집단으로 부풀리는 방법이다. 좋은 일이긴 하지만 꼬리표가 붙는 부작용 역시 생겨난다.

BAME(Black, Asian and Minority Ethnic, 흑인, 아시아인 및 소수 민족-옮긴이)에는 정확히 4개의 글자가 있다. 두문자의 조합은 그 자체로 단어가 됐다. 이 단어가 의미하는 광대한 영역을 담아내기에는 너무 짧다.

A를 골라보자.

아시아인이라는 것이 무엇인지 생각해보라. 인도, 파키스탄, 방글라데시, 일본, 태국을 말하는 걸까? 한국, 즉 남한 혹은 북한을 말하는 걸까? 중국은 어떤가? 놀랍게도 중국에는 56개의 종족이 존재한다. 아시아 지역 각각의 문화는 미묘한 차이부터 극단적으로 다른 곳까지 다양하다.

그런데도… BAME가 아닌 사람(아마도 중산층 백인 남자)은 무의식적 편견, 관점 부족, 인식 부족, 게으른 사고, 텃세 또는 인간 두뇌가 모든 것을 편리하게 단순화하는 까닭에 흑인, 아시아인, 소수민족을 하나의 문화적 정체성으로 묶어버렸다.

그런 점에서 BAME가 아닌 사람은 BAME를 일종의 '깔때기'로 여길 수 있다. 문제는 깔때기에 수렴된 동질화로 인한 위험이다. 사실 우리 사회 밑바닥에는 수많은 관점과 견해가 있다. 진정으로 이해하지 못하거나 정체성을 적절히 구별하지 못할 때 긴장이 형성된다.

그리고 LGBTQ와 BAME는 오늘날 세계에 존재하는 극히 일부 문화만을 지칭한다. 얼마나 많은 문화가 존재하는지를 추정하자면 숫자 10,000부터 시작해야 한다. 그 모든 경계의 가장자리를 둘러보려면 우선 치열한 주먹다짐을 각오해야 한다. 헬리콥터에서 내려다보며 이를 모두 정리한다면 이 책의 분량이 훨씬 늘어날 것이다.

인류의 모든 문화를 나눌 수 있는 2개의 큰 영역이 있다. 사회과학자들은 이를 집단주의와 개인주의로 파악한다. 지질 구조상의 거대한 판상처럼 이 두 영역은 천천히 그리고 냉혹하게 마찰을 일으킨다. 이 충돌이 발생하는 경계는 새뮤얼 헌팅턴의 이론이 실현되는 것을 관찰할 수 있는 장소 중 하나이다.

그래서 이 두 영역에서 우리는 무엇을 알 수 있을까?

일리노이대학교의 심리학 교수 해리 트리안디스Harry C. Triandis는 평생 개인주의 문화와 집단주의 문화에 관해 연구하고, 중요한 책을 쓴 교차문화 심리학의 선도적인 권위자이다. 그는 명칭에 대해 크게 고민하지 않았다. 간단히 개인주의와 집단주의라고 불렀다.

세계의 약 70퍼센트가 후자에 속한다. 넓은 의미에서 북미, 서유럽, 호주와 뉴질랜드 바깥의 모든 세상이다.

나중에 조금 더 자세히 설명하겠지만, 트리안디스는 집단주의자들을 다음과 같이 설명한다.

- 주로 집단 내에서 부과되는 의무와 규범에 따라 동기부여를 받는다.
- 개인적 야망보다 집단의 목표를 우선시한다.
- 집단 내에서의 유대감을 강조한다.

개인주의자들은 그 반대다. 그들은…

- 집단의 목표보다 개인적 목표에 따라 동기부여를 받는다.
- 개인의 권리를 신성시한다. 타인에 대한 복종과 의무보다 개인이 더 중요하다.
- 집단과 엮이면서 주어지는 장점과 단점에 대한 합리적 분석을 강조한다. 불리한 관계는 끊는다. 집단과 더 느슨하게 연결된다.

여기서 나는 어느 한쪽 입장을 편들지 않고 중립적이려고 노력 중이다. 헬리콥터에서 내려다보면 언제나 문제를 지나치게 단순화시킬 위험이 있다. 인간의 행동이 두 진영에 깔끔하게 들어맞을 것이라고 기대하기는 어렵다. 트리안디스가 그의 책 첫머리에서 지적했듯이 사람들은 2가지 유형의 행동을 모두 보여준다. 건강한 사회인지는 두 경향 사이의 균형과 관련이 있다. 그는 개인주의가 너무 팽배한 현상이 오늘날 세계의 문제와 연결될 수 있다고 말했다. 반면에 집단주의가 팽배하면 인권 보호가 부족하다는 것을 의미할 수 있다.

그는 식별할 수 있는 문화 규범이 존재한다고 말한다. 70퍼센트에 달하는 사람들의 가장 기본적인 행동 패턴이 집단주의에 근거한다고 자신 있게 주장한다. 나머지 30퍼센트는 개인주의에 해당한다는 것도 사실이다.

세계적으로 개인주의가 널리 퍼지면서 집단주의가 위협받고 있는 것 또한 현실이다. 일부 논평가들은 경제가 부유해질수록 더 개인주의적으로 된다고 주장한다. 한편, 비서방 학자들은 민주주의와 인권에 대한 서구의 관점이 너무 개인주의적이며 집단주의를 훼손한다고 지적한다. 앞으로 보겠지만 유엔조차도 실제로 일반적이지 않은 민주주의 규범을 보편적으로 제시한다는 비난을 받고 있다.

그 말은 우리가 좀 더 넓은 시야로 자세히 들여다보아야 한다는 뜻이다. 이번 장에서는 그 방법을 살펴보겠다.

- 집단주의는 갈등 해결, 타협, 그리고 협력이라는 더 넓은 주제와 상호보완적이다.
- 직장이나 지역사회같이 문화적으로 다양한 공간에서 조화를 이루어가는 데 부정적 영향을 미치는 의사 결정을 할 때 서구의 개인주의 측면을 인식해야 한다.

다윈과 도킨스의 진화론으로 본 관점의 차이

이 책에서 몇 번 다윈을 언급했는데, 그를 입에 올리지 않기란 힘든 일이다. 잉글랜드 중서부의 슈롭셔에서 성장한 청년 다윈의 생각은 인간 본성에 대해 우리가 알고 있는 많은 부분을 뒷받침해준다.

앞서 다른 사람들의 관점을 받아들이라고 계속 권했다. 그런데 다윈이 보여준 시각의 이면을 살펴보면 그는 오늘날 부족함을 전혀 느끼지 못하는 유형이었을지도 모른다. 자신이 발견한 하나의 관점에 근거하여 세상이 돌아가는 이치를 파악할 수 있다고 외치는 기득권 백인 남자였을 수 있다는 말이다.

다윈은 진화를 개별 유기체에서 작용하는 힘으로 봤다. 어느 종의 한 개체가 진화하면서 얻은 유리한 변화는 다른 개체보다 경쟁적 우위를 누리게 했다. 이는 번식할 수 있도록 오래 살아남을 가능성을 높였다. 이런 식으로 보존되는 유리한 유전자 묶음은 미래 세대에서 증식하는 경향을 보이고 점점 더 보편화된다.

앞에서 다윈의 생각이 어떤 도전을 받아왔는지 살펴봤다. 감정에 따라 우리의 표정이 어떻게 달라지는지에서 서양인과 동아시아인 사이에 보편적으로 차이가 있는 것으로 나타났다. 그 분야의 연구 결과에 따르면 '보편적'이라는 결론을 내릴 수 없다. 다윈의 연구가 신성불가침은 아니니까.

진화생물학자이자 작가인 리처드 도킨스Richard Dawkins는 보다 세밀하게 다윈의 이론에 반박한다. 그는 진화가 숙주 유기체가 아닌 유전자 수준에서 작용한다고 말한다. 『이기적 유전자』(을유문화사, 2018)에서 그는 기린의 살짝 더 긴 목 유전자가 더 짧은 목 유전자에 비해 어떻게 이점을 제공하는지를 설명한다. 긴 목 유전자는 숙주의 생존 가능성이 높아지기 때문에 미래 세대에 유전될 가능성이 크다. 이 기린은 나머지 무리들이 도달할 수 있는 잎을 먹을 수 있고 더 위쪽에 남겨진 풍성한 잎을 먹기 위해 목을 뻗을 수도 있다. 아침 뷔페에서 카트 너머에 놓인 음식을 집어 올 수 있는 긴 팔을 가진 것과 같다. 스테이크가 하나 남았는데 2명 뒤에 줄 서 있는 것과 같은 문제가 아니다.

그 유전자 덕분에 기린은 점점 더 긴 목으로 진화했다. 고맙게도 스테이크가 맛있기는 하지만 팔이 더 길어지도록 유전적 자극을 제공하는 데는 실패했다.

다윈과 도킨스를 비교한다면, 얇은 습자지조차 끼워 넣기 힘들 정도로 그 결과는 동일하지만, 관점은 약간 다르다. 어쨌든 둘 다 대단하다! 도킨스는 개별 유전자를, 다윈은 개별 유기체를 다뤘다.

이제 두 사람의 출신 배경이 서양이라는 이유로 그들의 연구가 자라난 문화에 의해 형성되었다고 주장하는 것이 터무니없다고 할 수는 없다. 사람에게 미치는 문화의 영향력이 대단하기 때문에 이에 대항하여 자신만의 언어를 구사하는 것은, 즉 다윈과 도킨스가 다른 관점을 고려하기 위해 자신들의 생각을 조정하는 것은 어렵다.

서구 사상은 자유주의 도덕 사상과 정치 철학에 따라 형성되었다. 개인의 권리를 중시하며 신성하게 여겼다. 정부의 역할은 크지 않으며 개인의 권리를 평등하게 보호하는 제도를 만들기 위해 존재한다. 하지만 다른 이의 권리를 침해하지 않는 한 개인이 사는 방식을 규제할 수는 없다. 이런 특유의 동기가 부여된 사상은 다윈의 연구에, 그리고 결과적으로 도킨스의 연구에 굴절된 빛을 비추는 강력한 스펙트럼으로 작용했다.

이를 자신만이 가진 자아감의 맥락에서 생각해보라. 예를 들어 빼앗길 수 없는 선택의 자유에 대한 권리는 어떤가. 누군가 우리 권리를 빼앗으려 한다면 무기를 들고 일어나 지킬 것이다. 그렇게 이해할 수 있듯이 우리가 생각하고 행동하는 방식 또한 서구의 영향을 받아 형성됐다. 우리는 문화적으로 형성되고 있다. 태어나고 살아가는 것은 사회의 규범과 가치를 배우는 과정이다. 이는 의식적으로 배우는 것이 아니라, 저절로 스며든다는 표현이 더 어울린다.

잠깐 다른 생각을 해보자. 만약 다른 철학을 가진 누군가가 진화에 관해 고민했다면 어떤 이론을 펼쳤을까?

한번 함께 살펴보자.

다윈에 반기를 든 이마니시

일본의 영장류 동물학자 이마니시 긴지Imanishi Kinji는 생존을 위해 투쟁하는 것은 개별 개체가 아니라고 주장했다.

이마니시는 영장류 사이에서 긴 기간을 살았던 최초의 생물학자였다. 그와 그의 팀은 1940년대 후반 일본 원숭이의 숲 서식지에서 1,500일을 보냈고 최종 60년에 걸친 지식을 축적했다.

그들은 무리의 각 개체를 알아가면서 집단 행동을 연구했다. 먹이를 제공하면서 대상 개체와 관계를 형성하는 방법을 개발했다. 손으로 직접 먹이를 주면서 인간 가까이 다가올 수 있도록 영장류를 길들이는 방식이었다. 이 현장 연구 방법은 모든 영장류 동물학자 사이에서 기준으로 자리 잡았다.

영장류에 대한 우리의 관점에 혁명을 일으킨 유명한 학자 3명이 있다. 제인 구달Jane Goodall(침팬지), 다이앤 포시Dian Fossey(산악 고릴라), 비루테 갈디카스Birute Galdikas(오랑우탄)가 바로 그들이다. 그들은 모두 이마니시의 방법을 사용해 연구 성과를 이뤄냈다. 동물학자이자 영화감독인 데이비드 애튼버러David Attenborough가 찍은 영상 중 가장 상징적인 장면이 있다. 1979년 39개국을 돌며 650개 종을 담은 다큐멘터리 〈지구의 생명Life on Earth〉 촬영 중 르완단 산악 고릴라와 눈이 마주치는 순간은 잊을 수가 없다. 지금도 유튜브에서 볼 수 있다.

이 장면은 고릴라에게 먹이를 주어 인간과 친숙해졌기 때문에 가능했다.

이마니시의 영장류 연구팀은 인간 사회의 진화적 기원을 발견하려고 애썼다. 그는 사회의 주도로 진화가 이루어진다고 생각했다. 즉 변이는 우연한 것이 아니라 환경 변화에 따른 대응이어서 진화를 개인이나 개인 간 관계의 수준으로 축소할 수 없다는 것이다. 다윈이 개체 간 생존경쟁과 적자생존이 핵심인 자연선택설을 주장해 1970년대까지 서양에서 거의 절대적 이론으로서 진화생물학계에 군림해왔다. 그러나 이마니시는 1940년대 초부터 다윈의 이론을 비판하면서 새로운 진화 메커니즘을 주장했다. 이마니시는 생물은 종 단위로 서식지를 분할한 상태로 평화롭게 공존하는데 이를 '종사회'라고 부르며, 공존하는 다수의 종사회가 하나의 유기적인 전체 사회를 구성한다는 것이다.

이마니시는 다윈을 추앙했지만 그의 이론에는 반대했다. 그는 자연선택 이론에 동의하지 않았다. 그 이유를 충분하게 설파한 자신의 관점을 담은 책을 저술했다.

1941년 자신의 저서 『살아 있는 것들의 세계The World of Living Things』에서 이마니시는 자연은 본질적으로 조화를 이룬다고 주장했다. 거대한 유기적 완전체 안에서 각각의 종은 서로에게 적응한다. 경쟁과 상호 착취는 없다. 각 종은 생태계 안에서 상호보완적 역할을 수

행한다. 자신에게 꼭 맞는 자리를 찾아간다.

그의 연구는 학자들 사이에서 논쟁 거리가 되어왔다. 자유주의 사회경제 사상가들에 의한 비판은 무척 흥미롭다. 그의 연구가 서양에는 거의 알려지지 않았지만 일본에서는 학계 외부에서도 인기가 많았다.

이는 이유가 있었다. 일본은(특히 이마니시가 살던 시대에는) 집단주의 문화가 지배하는 나라였다. 다른 동양 국가(대만, 한국, 중국)와 함께 일본 사회는 유교와 도교 철학을 토대로 형성됐다. 자신의 이익보다 집단의 이익을 우선시하는 문화인 데다 타인에 대한 개인의 의무와 예의가 중요한 명제였다. 이런 강력한 단합적 사고는 또 다른 스펙트럼이다. 이마니시는 영장류의 행동을 관찰하고 연구한 결과에 이를 투영시켰고 진화에 관해 다윈과는 다른 견해를 내놓았다. 다윈과 우리처럼 그 역시 문화의 혜택을 입은 사람이었지만 완전히 다른 세계관에 살고 있었다.

다른 사람들은 그의 주장을 이어받았다. 알다시피 다른 학문적 관점조차 적대적으로 변할 수 있는 가능성이 있다.

다른 것에 대한 적대적 관점

••

2013년 판 『살아 있는 것들의 세계』 영문 번역본 서문에서 영국의 사회인류학자 조이 헨드리Joy Hendry는 살아 있는 세계 속 인간의 위치에 관한 이마니시의 심오한 생각에 대해 자신의 견해를 밝혔다. 서양에서 의심의 여지가 없는 이론을 그들은 어떻게 언제나 긍정하지 않는지 말이다.

그녀는 또한 일본인들이 세상이 생겨난 방식에 대해 다른 나라의 일반인들이 가진 확신을 어떻게 알지 못하는지를 설명했다. 헨드리가 관찰한 바는 문화의 힘이 어떻게 우리가 생각하고 살아가는 방식에 경계를 만드는지를 보여준다.

같은 서문에서 이 작품의 번역자 중 한 명인 야기 슈스케(미국 퍼먼대학교의 일본 및 아시아 연구 부교수)는 다음과 같은 수사학적 질문을 던진다.

"지적으로 적대적인 분위기에서 어떻게 다른 사람들이 비╫서방적 담론의 타당성을 인식하게 할 수 있는가?"

두 논객이 강하게 발언하고 있다. 이를 문화 충돌의 지표로 이해할 수 있다. 그렇지 않다면 적어도 서로 상대방의 관점을 이해하려 않기 때문으로 볼 수도 있다. 뒷 문장의 어조가 곱지 않은 걸 알 수 있다. 거기서부터 어떻게 화가 돋아나기 시작할지 예측하는 것은 그리 어렵지 않다.

야기 슈스케는 자신이 던진 질문에 이렇게 답한다.

"한 가지 방법은 서구 학술 문화의 산만한 학문적 관행이 침입자의 이질성을 공격하기 위해 '낯설면서 친숙한 것을 제공'하는 기만적인 술책일 뿐임을 증명하는 것이다. 그렇게 다른 문화를 제어하고 억압하고 정복한다."

와우!

내 고향에서는 그냥 싸움이 벌어진다. 다행히 나는 그곳에서 벗어났다. 많은 사람이 고상하다고 여기는 학계에서조차 이런 분열을 해결하지 못한다면 어떤 분야에서 문화가 서로 융합하며 화해할 수 있을까?

새뮤얼 헌팅턴과 그의 문명충돌론으로 돌아가서 헌팅턴은 서구의 가치와 정치체제가 보편화하리라는 서구인들의 믿음을 지적하면서 자신의 이론(문화적 정체성이 미래 갈등의 원천이 될 것이라는 주장)을 뒷받침했다. 그는 그러한 믿음은 순진한 것이며 이렇게 가정된 '보편적' 규범에 따라 민주주의를 고집하는 것은 다른 문명을 적대시할 뿐이라고 말했다. 헌팅턴에 따르면 서구는 이런 주장을 받아들이고 싶어 하지 않는다. 왜냐하면 서구가 국제적 시스템을 구축했고 조직적 형태(UN)로 이를 보존하기 전에 벌써 법률까지 제정했기 때문이다.

슈스케가 "다른 문화를 제어하려는 시도"에 관해 외치는 소리가 강 건너편에서 메아리치는 것 같다.

트리안디스로 돌아가자. 그 역시 헌팅턴과 비슷한 우려를 표명했다. 70퍼센트의 지역에 사는 많은 사람이 서구의 관점에 동의하지 않는데, 특히 인도와 중국은 국력이 점점 강해지면서 '주변부로 밀려나는' 데 분개하기 시작했다고 언급한다.

트리안디스는 모든 문화 간 접촉이 어떻게 증가하고 있는지를 자세하게 설명하고 따라서 더 많은 이해가 필수적이라고 강조한다. 인도와 중국의 발전에도 불구하고 그는 부의 격차가 하나의 원인일 수 있다고 말한다. 일반적으로 서구는 세계의 다른 지역보다 더 부유하다. 이로 인해 합법적이든 불법적이든 서구 경제로의 대량 이주가 발생하고 있다. 1995년에 쓴 글에서 트리안디스는 지구 온난화가 가장 가난한 사람들을 위협하며 이주가 가속화될 것이라고 예측하지는 못했다. 그러나 그는 1993년 빈에서 열린 유엔 세계인권회의에서 싱가포르 외교관 빌라하리 카우시칸Bilahari Kausikan 의 연설을 언급했다.

"아시아는 고유한 가치에 입각해 인권에 대해 지속적인 해석을 해나갈 것입니다. 현재 아시아의 대부분 국가는 더 이상 약소하지 않기 때문에 진정한 대화가 필요합니다."

나는 이를 세계의 한 부분에서 생성된 가치 체계가 다른 부분에서 꼭 치명적인 탄환이 될 필요는 없다는 의미로 읽었다.

우리가 언급한 문헌들이 점차 주류가 되고 있다. 지금까지 너무 옛 문헌을 들먹여서 탐탁지 않았을지도 모르겠다. 트리안디스, 헌팅턴, 카우시칸은 이런 주장을 1990년대 중반에 펼쳤다.

하지만 내가 말하고자 하는 요점은 그들이 말한 미래가 지금 나타나고 있다는 것이다.

- 인도와 중국은 경제 강국이다.

- 인터넷은 세상을 더 작게 만들고 문화 간 접촉을 증가시켰다. 1995년에는 소셜미디어가 존재하지 않았다.

- 가난한 나라에서 부유한 나라로의 대규모 이주는 현실이 되었다. 지중해의 비극이 이를 증명한다.

- 빈부 격차는 더욱 커졌다. 이 통계를 들어본 적이 있을 것이다. 이는 옥스팜의 2018년 '불평등' 보고서에 나온 통계인데, 그해에 창출된 전 세계 부의 82퍼센트가 1퍼센트 인구에게 돌아갔다.

- 오사마 빈 라덴이 조직한 국제 테러단체인 알 카에다의 출현을 이슬람과 기독교가 충돌하는 문화적 갈등으로 쉽게 설명할 수 있다. 이른바 마약과의 전쟁에서도 같은 사례를 들 수 있다. 2016년 환경 잡지 《에콜로지스트The Ecologist》에 기고한 글에서 벤자민 램Benjamin Ramm은 네덜란드가 불법 마약의 선두 생산국이라고 지목했다. 그는 독자에게 전쟁터를 상상해보라고 했다. 상상도 할 수 없는 일이었다. 그는 콜롬비아와 비교했다.

세계 최대 마약 생산국인 콜롬비아에서 코카나무 잎 재배를 단속하기 위해 미국이 지원한 군사 공습이 식량 작물과 수로에 막대한 피해를 입히고 있다. 램은 이를 '문화와의 전쟁'이라고 표현했다.

• 어떤 이들은 홍콩 시민과 중국 정부 사이에 현재 진행되는 소란스러운 분쟁 역시 문화 충돌로 인식한다.

인권에 관한 세계회의가 끝난 지 20년이 넘도록 빌라하리 카우시칸은 아직 이 문제를 놓지 않고 있다. 그는 2016년 싱가포르 싱크탱크인 정책연구소에서 열린 강연에서 누구에게나 통하는 인권에 대한 명확한 정의가 없다고 주장했다.

"우리가 같은 단어(인권, 민주주의)를 사용한다고 해서 세계 곳곳에서 그 단어들이 같은 방식으로 적용된다는 걸 의미하지는 않는다."

이를 뒷받침하기 위해 그는 사람들이 생명권, 사형 그리고 정의와 같은 가장 기본적인 개념에도 동의가 이뤄지지 않는다는 사실을 지적했다. 그는 이렇게 덧붙였다.

"냉전 종식 이후 서방 강대국들은 인권과 민주주의를 세계의 병폐에 대한 만병통치약으로 선전해왔다. 하지만 이는 자신들의 이익을 추구하는 데 적합한 방식으로 대상국들을 개발하는 데 영향을 미치려는 시도일 뿐이었다."

여기서 다시 『살아 있는 것들의 세계』 서문에 실린 슈스케 야기의 논평이 떠오른다.

공감할 수 있는 몇몇 서구 외교관들이 있다. 나는 베이루트에 본부를 둔 레바논 주재 영국 대사이자 토니 블레어, 고든 브라운, 데이비드 캐머런의 외교 정책 고문이었던 톰 플레처Tom Fletcher와 이야기를 나누었다. 그는 지난 2011년 중동 전역에 '아랍의 봄'(2010년 말 튀니지에서 시작해 아랍 중동 국가 및 북아프리카로 확산된 반정부 시위를 통칭한다-옮긴이)을 몰고 온 사람들이 영국이나 미국의 방식을 본뜬 것이 아니라 그들 자신만의 형태로 자유를 찾고 있다고 주장했다. 서구에서 그들이 자신들과 똑같은 방식으로 살 수 있는 권리를 지지했으나 그들은 서구식 민주주의를 제대로 받아들이지 못했다. 오히려 혁명 이후 이슬람 극단주의에 경도되는 최악의 결과로 이어졌다. 그의 베스트셀러인 『벌거벗은 외교관The Naked Diplomat』에 나오는 구절이다. "우리가 소중히 여기는 만큼 모든 이가 자유민주적 가치를 폭넓게 동의해주는 고지에는 아직 오르지 못했다."

빌라하리 카우시칸은 동의할 것이다.

만약 서구인이라면 이 모든 것이 당황스러울 것이다. 방어적으로 될 수도 있다. 하지만 요점은, 이런 현상이 정직하고도 열정적인 하나의 관점이라는 것이다. 그래서 한 사람에게는 테러리스트이지만, 다른 이에게는 자유를 위한 투사가 되기도 한다.

우리에게는 상대방에 대한 이해가 절실히 필요하다.

개인주의와 집단주의 행동의 속성을 더 자세히 살펴본다면 큰 도움이 될 것이다.

집단주의 관점

집단주의자들은 집단의 요구와 목표를 개인의 요구와 목표보다 우선시한다. 즉, 공동체에 대한 강한 의무감이 존재한다. 가족이나 직장, 사회 및 국가 등 여러 사회 집단의 구성원인 모든 개인은 자신의 위치를 이해하며 그렇게 위계질서가 유지된다. 이러한 문화를 달성하기 위해 집단주의자들은 상호의존성과 강한 집단 내 유대감을 장려한다. 유교 집단주의 문화에서 효도는 모든 행동의 기본적 동기가 된다. 한마디로 무엇을 하든 부모나 조상에게 수치심을 주어서는 안 된다는 개념이다. 아침 식사를 하러 뷔페 식당에 갔는데 내 어깨를 툭툭 치는 아버지나 그 뒤에 서 있는 할아버지, 증조할아버지의 유령을 상상한다면 나는 마지막 스테이크를 낚아채기 위해 내 유전적 장점인 긴 팔을 이기적으로 휘두르지 않을 것이다. 그런 행동을 유지하기 위해서는 가족과 혈통에 대한 강한 유대감이 필수적이다. 개인적 욕망을 가족 단위로 종속시키는 것이 필요하다.

트리안디스는 번성하기 위해 집단을 필요로 하는 영장류로 인간이 진화해왔다는 사실을 상기시켰다. 그는 우리 모두에게 본질적인 현실은 집단주의에 더 가깝다고 말했다. 앞 장에서 개인을 집단으로 끌어들이기 위한 수단으로서 자존심의 진화에 관한 이야기를 했다. 트리안디스는 집단을 생존의 구성 단위라고 언급했다. 이는 지구 문화의 70퍼센트가 집단주의로 남아 있는 이유를 설명한다. 이것은 오래된 관습이다.

개인주의 관점

개인주의는 집단보다 개인의 목표를 우선시한다. 집단의 목표와 호환성은 개인의 이익에 부합하는 한도 내에서 고려 대상이다. 그 관계는 각각의 장단점에 대한 합리적인 저울질에 따라 유지되거나 중단된다.

자기 의존, 자율성, 집단으로부터의 독립이 장려되고 가족 관계는 개인의 자유를 보장하기 위해 덜 구속적이다. 그래서 십 대들은 대학에 진학하면서 독립하라는 권유를 받고 나이 든 친족은 요양원으로 쫓겨날 가능성이 크다.

선택의 자유, 의견과 표현의 자유, 자유와 생명에 대한 권리 등 우리가 권리장전으로 알고 있는 보호책은 개인주의 문화 안에서 고안되었다. 개인이 목표를 추구할 수 있는 자유와 이를 실행할 자율성이 이 장전에 명시되어 있다.

한 가지 절대 하지 말아야 할 금기 사항이 있다. 무슨 짓을 하든 타인의 권리를 침해해서는 안 된다. 그래도 내 유전적 장점을 이용해 마지막 스테이크를 차지하려는 문제는 여전히 남아 있다. 이를테면 그 요리에 대한 권리를 주장하는 사람들 앞을 새치기해 방해했다. 게다가 불평등 상황을 만들어냈다. 긴 팔을 갖지 못한 사람들은 팔이 짧다는 이유로 차별을 받는 불리한 처지에 놓였다. 그들은 이제 나를 고소할 권리가 있다.

개인주의와 집단주의, 뭐가 더 나을까?

집단주의와 개인주의 문화 중 어느 쪽이 좋은지는 말하기 어렵다. 양쪽 모두에서 부정적인 면과 긍정적인 면을 다 찾을 수 있기 때문이다. 항상 그렇듯이 관점이 중요하다. 30퍼센트의 사람들이 이해하는 인권이 70퍼센트의 사람들에게는 뜨악한 금기가 될 수도 있다.

울타리 반대편에서 다른 쪽 삶의 방식을 이상화하는 것은 신중해야 한다. 몇 가지 예를 들자면 폭력이나 마약 복용과 같은 범죄율은 개인주의 문화에서 훨씬 더 높게 나타났다. 집단주의 문화는 법을 더 잘 지키지만 권위주의적일 수 있다. 개인주의 문화에서 여성을 남성과 동등하게 대우하는 것은 법률의 문제이지만 여성들은 실제 수많은 차별을 받는다. 집단주의 문화는 가부장적 경향이 있으며 평등 측면에서 이상적인 사회가 아니다.

우리는 푸른 초원을 기대하며 그 울타리를 뛰어넘지만 완전히 황폐한 땅에 착륙할 수도 있다. 그렇긴 하지만 이번 장은 서구의 가치관 너머를 살펴보겠다고 약속했다. 최대한 다양성을 가진 미래를 준비하기 위해서다. 누군가의 화를 돋우지 않고 사회적 벤다이어그램과 같이 서로 교차하는, 모든 우리가 매일 접하는 문화를 통과해나가는 것은 언제나 어려운 일일 것이다. 의견 불일치는 항상 존재하겠지만 합의해가는 과정에서 문화적 정체성이 확실히 장애가 되지 않게 할 수 있을까?

약간의 집단주의가 도움이 될 수 있다.

집단주의의 세부 장점을 활용한다

미국에서는 성취를 많이 이룬 사람을 성공했다고 평가한다. 일본에서는 성공적인 인간관계를 많이 맺으면 성공한 것으로 생각한다.

행동 전환: 어떤 거래를 성사시키는 것은 성취다. 이를 통해 상사의 칭찬을 받을 수 있을지는 몰라도 성공을 평가하는 유일한 척도는 아니다. 대신 나는 그 이후에 벌어지는 일에 관심을 기울인다. 거래를 성사시키는 것은 여정의 끝이 아니다. 그건 단지 거래하는 사람들과의 건강하고 장기적인 관계를 발전시키는 길목에 세운

하나의 기지일 뿐이다. 실제 최종 목표는 끝이 없다. 사고방식의 전환은 심오하다. 모든 협상을 우정으로 향하는 첫걸음이라고 상상하면 모든 것이 바뀐다.

주요 차이점: 동양철학 기준으로 갈등 해결을 추구한다면, 공자孔子는 우리 내부에 서로 경쟁하는 2가지 힘이 존재한다고 말했다. 그는 이를 1차적 욕망이라고 불렀다. 여기에는 물질적인 것과 성적인 것이 포함된다. 그리고 그가 미덕이라고 묘사한 2차적 욕망이 있다. 여기에는 타인을 지원하고 개발하는 것(인仁이라고 알려진)과 집단과 위계질서에 대한 의무와 복종(의義)이 포함된다. 덕이 있는 사람은 집단의 이익과 사회의 조화를 추구하고 사람들은 2차적 욕망을 기르고 1차적 욕망을 극복하는 법을 배우면서 덕을 쌓는다.

개인주의자들을 관찰한 트리안디스의 맥락을 살펴보면 흥미롭다. 그들은 감정을 자아에 집중하는 경향이 있다. 트리안디스는 이런 자아의 표현 중 하나로 분노를 지목한다. 개인주의자들이 이런 분노를 표현할 때 더 오래 지속하는 경향이 있었다. 집단주의자들은 상황이 정리되면 이런 감정을 더 쉽게 털어낸다. 이게 사실이라면 이는 놀라운 능력이다. 나는 갈등 상황 이후 한참 시간이 지난 뒤에 그때 했으면 좋았을 말들을 거울에 손가락을 흔들면서 연습한 적이 한두 번이 아니었다. 나는 1차적 욕망을 극복하려면 확실히 분발해야 할 필요가 있다.

동기부여에 관한 한 트리안디스는 개인주의적 행동의 핵심 동인으로서 자율성, 인지도, 발전과 수입을 보여주는 다른 연구(Ronen, 1994)를 언급한다. 보안, 상호연결성, 사회적 관계(동료와의)는 집단주의자들에게 동기를 부여한다.

사회적 화합과 공동의 이익은 개인주의적 관점에서는 종종 뒷전으로 밀리는 것처럼 보인다.

행동 전환: 철학에 관심이 없더라도 다음에 나오는 간단한 연습을 해보자.

협상할 때 느낄 수 있는 감정을 예측하고 분리하도록 노력한다. 1차적인가, 2차적인가? 이를 마음속에서 분류하고 나중에 대화를 할 때 그 감정에 대한 경각심을 가진다. 경계심을 가지면 2차적 욕망이 바라는 방향으로 조정해갈 수 있다. 결과는 좋아진다.

대화를 시작하기 전에 자신의 동기를 검토한다. 공동의 이익에 집중하고 있는가? 자신의 이익만 생각하는가? 자신에게 솔직해진다. 서구인들은 통계적으로 후자일 가능성이 크다. 유교적 방식은 전자이지만 표범의 점 무늬를 바꾸는 것은 쉽지 않다. 비슷한 의미의 중국 속담도 있다. '狗改不了吃糞(개는 똥을 먹을 수밖에 없다!).'

쓸쓸한 뒷맛을 피하려면 상대방을 지지할 필요가 있는 협상 대상자로 생각하려고 노력해라. '도움'이라는 단어를 명심해라. 유교에서는 어떤 대화에서든지 계속해서 상대방이 나의 관점을 이해하도록 도와야 한다. 누군가를 돕는 것은 공공의 이익을 증진시키는 친절한 행동이다. 이런 식으로 내가 발생시키는 상호작용을 생각하는 것은 자신의 태도와 목소리 톤을 바꿀 수 있고 내 안에 끓어오르는 화를 막는 데도 도움이 된다. 만약 친화적이고 협력적인 태도를 지닌 사람으로 보이고 싶다면 공자의 방식을 따라 하면 된다.

더 깊이 알아보고 싶다면 중국 철학자 노자의 글이 있다. 공자와 비슷한 시기에 살았던 사상가이다. 『도덕경』(성경 다음으로 많이 번역된 책) 59장에는 거칠게 번역하면 "겸손한 사람은 자신의 생각으로부터 자유롭다"라는 내용이 있다. 받아들이기가 쉽지 않은 생각이다. 자신의 아이디어에 대한 집착은 다른 도전을 받아들이기 어렵게 하고 심지어 더 넓은 고객에게 혜택을 줄 수 있는 제안마저 거부하게 만든다. 자신의 아이디어를 타인의 것과 동등하게 놓고 객관적으로 바라보는 자세는 집착을 줄여 갈등을 줄인다.

• **핵심 차이:** 집단주의자들은 '우리'라는 단어를 더 자주 사용하는 경향이 있으며 일반적으로 의사소통할 때 '타인'에게 집중한다. 화

자는 단어 선택과 보디랭귀지의 조합을 통해 자신의 지위를 낮추면서, 상대방의 지위를 높이려 시도한다. 이와 다르게 개인주의자들은 '나'를 많이 사용한다. "팀 안에 나는 없다"라는 말이 유명한 데는 이유가 있다. 우리는 마음속에 담긴 것을 더 자주 말한다. 쉽게 말하면 관계를 망치는 것은 개인주의자들에게 받아들일 만한 거래다.

'타인'에게 집중하기 때문에 집단주의자는 화합을 유지하기 위해 더 많은 관심을 기울일 수 있다. 반대 의견에 대한 관용과 갈등을 최소화하려는 행동을 기대할 수 있다.

• **행동 전환:** 자신이 1인칭 단수 주어로 얼마나 자주 말하는지 관찰하라. 협력하고자 한다면 '나'가 아닌 '우리'를 사용할 필요가 있다. 자신의 단어 선택을 검토하고 이를 바꿔라.

속내를 말하고 싶을 때, 무엇에 자극을 받았는지 검토하고, 발언이 미칠 영향을 고려한 후 진정할 수 있을 만큼 기다려라. 내가 가진 습관 중 하나는 논쟁을 초래할 만한 문제라면 하룻밤 동안 생각하는 것이다. 만약 다음 날도 같은 생각이라면 그때 담담한 어조로 내 생각을 표현할 자신감이 생긴다. 그동안 하룻밤을 넘기고도 굳이 내 주장을 고집해야겠다는 생각이 드는 경우는 무척 드물었다. '우리'에 집중하면 내 관점이 종종 바뀐다. 더 관대해진다.

협력하는 데 방해가 되는 '나' 중심의 긴장감을 해소하는 방법도 있다. 사업이나 자신의 커리어에 대해 즉흥적으로 불만을 표현하는 누군가와 마주했을 때 나는 다음과 같이 말하며 그 감정을 인정한다.

"이것이 ○○에게 큰 의미가 있다는 것을 알겠네요(그들의 이름을 꼭 직접 입에 올리면서)."

"그래서 내게도 중요한 의미가 있어요."

"하지만 지금 알았네요. 방금 말한 내용을 생각할 시간을 줄 수 있나요? 내일 이 문제에 대해 다시 의논할 수 있을까요?"

그런 다음 전화기를 뽑아 들고 다음 날을 위해 스케줄을 조정해라. 공감하는 듯한 톤으로 작성한 이메일로 스케줄을 확인하면서 나중에 구체적으로 논의하기 위해 불만사항을 서면으로 제출해달라고 요청해라.

바라건대, 하룻밤이 지나면 그 사람은 '나'보다 '우리'에 더 집중할 것이다.

이번 장은 집단주의의 가장 매력적인 측면을 골라서 개인주의적 행동과 대조하여 협력의 측면에서 개인주의가 얼마나 해로운지를 살펴보았다. 좀 과할 수도 있다. 공평하게, 개인주의의 장점으로 가득 채운 책들이 많다는 점을 덧붙이겠다. 집단주의의 단점으로 가득한 책도 있고 그 반대도 마찬가지다.

단지 개인주의적 속성이 갈등 해결이나 집단 화합의 맥락에서 덜 유리하다고 해서 완전히 부정적으로만 바라봐야 한다는 의미는 아니다.

문헌이 광범위하고 또 무척 어려워서 내가 다루지 못한 다른 분야가 있다. 다른 이가 체면을 유지할 수 있도록 돕는다는 유교적인 생각(그리고 갈등을 줄이는 습관)이 그중 하나일 것이다. 네덜란드 조직심리학자 기어트 홉스테드Geert Hofstede의 연구도 추가로 읽을 만하다. 그의 문화적 차원 이론은 다른 배경의 사람들이 국제 비즈니스의 맥락에서 어떻게 상호작용하는지를 살펴본다. 영국 노동당의 2019년 선거 성명서는 집단주의를 표방한다. 다른 사건들에 가려 빛을 잃기는 했지만 많은 젊은이를 자극해 영국 정치계로 끌어들이는 역할을 했다.

나는 서구 개인주의자 출신이기 때문에 의심할 여지 없이 자유방임 문화가 허용되어야 한다고 생각한다. 그러나 직장 생활에서 개인주의 문화를 관찰하고 한편으로 집단주의를 잘 알게 되면서 (비록 외부 그룹의 관점이더라도) 집단주의 문화의 장점을 무시하기가 어려워졌다. 나는 이것이 내 변변찮은 외교력을 어떻게 향상시킬지, 그리고 상황을 더 잘 분별하는 데 어떻게 사용할 수 있을지를 잘 알게 됐다.

내게는 전 세계에서 온 다양한 팀과 동료들이 있다. 또 여러 문화권에서 사업을 해왔다. 무엇보다 나는 당신과 마찬가지로 세계 시민이다. 우리는 모두 여기저기를 돌아다니며 많은 다른 문화와 부딪친다. 너무 많아서 그 모두에 익숙해지는 것은 불가능하지만 아마도 그중 몇몇에 적응하려고 시도할 수는 있을 것이다.

이 과정은 우리가 다른 문화권과 상호작용하면서 그 규범과 특성을 적용하고 빌리거나 받아들일 때 발생한다(종종 문화 적응과 혼동한다). 자신의 문화와 다른 문화를 혼합하는 것이다. 다양한 관점을 경험할 수 있는 방법이 많다. 만약 자신이 이성애자라면 직장에서 LGBTQ 운영위원회에 지지자로 참여할 수 있다. 자신이 백인이라면 BAME 집단에서 비슷한 역할을 할 수도 있다. 만약 그런 단체가 없다면 내가 시작할 수도 있다. 여기에서 다루지 않은 많은 다른 종류의 집단주의 문화에 대해 배울 수 있다. 불교, 힌두교, 이슬람교는 모두 소수 집단이다. 이런 종류의 것들도 포함한다.

알다시피 우리는 모두 어떤 문화에서 태어났든 간에 지평선을 바라보며 서로가 다른 문화 속에서 자라왔기에 다르게 행동하고 다른 단서에 반응한다. 이러한 차이에 대해 논쟁할 필요는 없다. 이는 다가올 다양한 미래의 맥락에서 전혀 의미가 없는 일이다. 문명충돌론은 단지 이론일 뿐이지 사실이 아니다.

『벌거벗은 외교관』의 저자 톰 플레처에게 돌아가보자. 그는 만약 우리가 레바논과 같은 곳에서 함께 사는 법을 배울 수 없다면 런던, 파리 또는 마드리드에서도 함께 살지 못할 것이라고 말했다.

우리가 어디에 있든 그리고 정체성이 무엇이든지 간에, 손에 들린 나침반이 가리키는 극과 극의 반대 반향을 보고 그쪽으로 나아가라.

I
Don't
Agree

맹목적인
적대감을 버려라

상호 비난으로 중요한 협상이 무산되는 것을 막고, 조직 내부의 건강한 문화를 유지하며, 전쟁 중인 파벌들에게 평화를 가져오려면 모든 관련 당사자가 자신의 역할을 재인식하기 위해 더 많은 노력을 기울여야 한다. 눈을 가린 적대감을 벗어 던져야 한다.

때때로 관계가 너무 안 좋아서 능숙한 외교관이라도 간단한 악수
조차 하지 못할 때가 있다. 두 사람이 이념의 양극단에 너무 멀리
서 있기 때문에 그 틈을 메우려는 시도는 둘 다 나락으로 떨어뜨
릴 위험이 있다.

　서로의 관점이 너무 다를 때 많은 사람이 차이를 극복하기 위해
자신의 주장을 큰 소리로 외친다. 이런 행동은 오히려 상대방의 귀
를 닫게 만든다. 영국 의회의 대정부 질의 Prime Minister's Questions (매주 수요일
생방송되는 영국 수상과 국회의원 간의 질의응답-옮긴이)를 보면 충분히 수
긍할 수 있을 것이다, 그렇지 않나?

　사람 사이의 의견 차이가 어떻게 이렇게나 크지? 합의를 이루려
면 어떻게 해야 할까? 너무 늦기 전에 적대감이 어떻게 쌓이는지
에 관심을 갖는 것은 어떨까? 모든 의견 불일치가 파국으로만 이
어지는 걸까? 마치 결혼한 커플이 이혼하듯이. 아니면 갈등은 분

열된 세계의 토양에서 자라난 씨앗일까? 양극단으로 치닫는 험악한 분위기에서 갈등의 씨앗은 양분을 얻어 무럭무럭 자라나는 걸까? 예를 들어 이민 같은 주제로? 아니면 우리 각자가 모두 갈등의 씨앗을 품고 있는 것일까?

수많은 고난의 바다를 건널 지혜를 줄 수 있는 뗏목이 충분히 준비되어 있다. 우리는 대양처럼 넓은 간격을 건너가는 데 이 뗏목을 사용할 수 있다. 관련 연구에 따르면, 우리는 자신과 비슷하다고 생각하는 사람들을 좋아하는 경향이 있다. 심지어 다르다고 여기는 사람을 싫어하기까지 한다.

연구원들은 비슷한 다른 사람에 대한 이런 선호가 집단 간 적대감에 기여하는 편견을 뒷받침할 수도 있다고 말한다. 편견은 생물학적으로도 유발될 수 있다. 그들의 연구는 나중에 더 살펴보겠다.

무엇보다 중요한 것은 적대감은 우리의 눈을 가린다는 점이다. 우리는 논쟁할 때 자신의 입장을 지지해줄 증거뿐만 아니라 반대하는 사람을 비난할 증거 역시 찾는다. 한편, 우리는 상대방의 주장이 충분히 설득력 있다는 어떤 증거에도 눈이 먼다. 이런 식으로 편견은 강화된다. 하지만 자신의 도덕적 나침반이 잘못된 방향을 가리킨다고는 절대 생각하지 않기에 자신의 의견을 편견으로 인정하지 않는다. 고장난 것은 다른 사람의 나침반일 뿐이다. 사실 우리가 만약 세상이라는 불안한 바다를 항해하는 데 둘 중 하나만

사용한다면 암초에 부딪히고 말 것이다.

우리는 모두 적대감이 판단을 흐리게 한다는 사실을 안다. 적대 감이라는 악명 높은 붉은 안개는 모든 사람을 휘감아 후회할 만한 행동을 하도록 부추긴다.

어떻게 해야 자신의 눈을 가린 적대감을 풀고 갈등을 헤쳐갈 수 있을까?

먼저 몇 가지 학문적 관점을 살펴보자.

사소한 차이에서 갈등으로 커지는 과정

캐럴 태브리스와 엘리엇 애런슨은 2007년 『거짓말의 진화』(추수밭, 2007)라는 베스트셀러를 펴냈다. 이 책은 사람들이 잘못된 행동에 대한 책임을 면하기 위해 어떻게 과거를 정신적으로 다시 풀어내면서 자신을 정당화하는지, 그리고 사건에 대한 우리 기억은 어떻게 변화하여 자기기만을 돕는지를 설명한다. 저자들은 '인지 부조화cognitive dissonance'에 관한 연구에 공헌했다. 간단하게라도 짚고 넘어갈 가치가 있는 분야다.

인지 부조화는 세상에 대해 진실이라고 믿는 뭔가가 새로운 정보에 의해서 도전을 받거나 자신의 행동이 소중한 자신의 신념과

일치하지 않는 결과로 이어질 때 발생하는 정신적 불안감, 불균형 상태를 말한다. 인지 부조화는 이솝의 「여우와 포도」라는 우화에 잘 표현되어 있다. 이런 일이 발생할 때 자신의 행동이나 신념을 바꾼다. 아니면 자신의 행동을 정당화하기 위해 개인적 허구를 만들 수도 있다. 저자들은 이해하기 쉬운 사례를 들려준다. 흡연자는 흡연이 건강에 해롭다는 것을 안다. 그들은 곧 담배를 끊을 거라고 스스로를 설득한다. 아마도 다음 담배를 즐긴 후에도 이 설득은 이어질 것이다. 아니면 흡연이 체중을 줄이기 위해 음식 섭취를 조절하는 데 도움이 된다고 자신과 타협할지도 모른다. 이런 식으로 자기 정당화를 한다.

『거짓말의 진화』는 '선택의 피라미드'라는 이론적 모델을 바탕으로 논쟁에서 경쟁자와 의견 차이가 어떻게 더 커질 수 있는지 설명한다. 동료 2명이 서로의 공통점, 즉 자신들의 직업에 대해 비슷한 견해를 가지고 있다고 상상해보자. 태브리스와 애런슨은 둘 다 피라미드의 꼭대기에 서 있다고 말할 것이다. 만약 그들이 직장에서 어떤 업무를 처리하는 방식에 의견이 다르다면 그 관점의 차이로 인해 피라미드 정상에서 반대쪽 약간 떨어진 자리로 움직일 것이다. 이 단계에서 둘 다 상대방을 뒷받침하는 모든 증거를 무시한 채 자신의 관점을 확인하는 증거만 찾는다. 확실한 증거는 자신의 입장을 확고히 하는 데 도움이 되고 그만큼 의견 차이는 조금 더 깊고 넓어지며 그들은 동맹을 구축하기 위해 같은 생각을 가진 동료와 함께 자신들의 믿음을 확고하게 증명할 길을 찾으려 할지도 모른다. 이런 식으로 처음에는 작은 의견 차이를 보였던 두 사람은 피라미드를 따라 점점 더 멀어지며 맹렬한 전사가 되어간다.

나는 이것을 '긴장감 크리프'(외력이 일정하게 유지되어 있을 때, 시간이 흐름에 따라 재료의 변형이 증대하는 현상을 일컫는 화학 용어-옮긴이)라고 부른다. 이 책이 더욱 흥미로웠던 이유는 내 인생을 바꾼 사건을 경험했기 때문이다. 으레 회의에서 일어나기 쉬운 일인데, 18개월에 걸쳐 이사회에서 의견 불일치로 공방이 오갔다. 피라미드의 경사면을 따라 상대방과 멀어지던 중, 동맹 중 한 명이 협의 없이 사업체의 자산을 외부로 이전하는 것을 정당화했다. 돌이켜보면 나는 그가 당시에 옳은 일을 한다고 확신했다. 하지만 모든 이가 피라미드 경사면의 바닥까지 내려와 상대방으로부터 까마득히 멀어진 후에야 붉은 안개에 휩싸인 채 품위라곤 전혀 찾아볼 수 없는 짓을 했음을 알았다.

태브리스와 애런슨의 생각은 인간이 어떻게 모든 잘못을 정당화할 수 있는지를 설명해준다. 예를 들어 누군가 바람을 피우기로 결심했다고 하자. 자신의 행동을 정당화하기 위해 그는 파트너의 행동 때문에 다른 사람의 품으로 갈 수밖에 없었다는 증거를 찾아

피라미드의 경사면을 내려가기 시작한다. 그의 믿음은 내면화되어 서서히 모든 상황이 파트너의 잘못 때문이고, 그의 기억은 실제 그렇게 변해간다. 그러면서 죄책감도 줄어들기 시작한다. 선택의 피라미드는 얼마나 많은 사람이 나쁜 행동을 하면서도 스스로를 '선하다'고 생각하는지를 보여준다. 그들은 피라미드 정상에서 대수롭지 않은 애매한 도덕적 결정과 마주친다. 그저 작은 첫 키스다. 해롭지도 않다. 그러면서 확고한 원칙이나 본래 의도로부터 까마득히 먼 곳으로 데려가는 함정에 빠져들기 시작한다.

나와 다르면 싫어한다

작은 밴드부터 큰 사업까지, 친구끼리의 파티부터 단체의 거리 행진까지 어떤 일을 빠르게 성사시키려면 규모를 가리지 않고 외곬수로 일을 추진하는 사람이 필요하다. 같은 생각을 하는 사람들을 끌어모으고 일이 추진력을 얻을 수 있도록 매개체가 되어주는 인물이다. 이런 첫 모임을 자세히 살펴보면 그저 생각이 같지는 않다는 사실을 발견할 수 있다.

「나와 같지 않아 = 나빠: 유아들은 자신과 같지 않은 사람을 공격하는 이들을 선호한다」는 브리티시컬럼비아대학교의 카일리 햄린, 템플대학교의 네하 마하잔, 시카고대학교의 조 리버맨, 예일대학교의 카렌 윈의 연구다. 서두가 엄청나게 충격적이거나 놀라운 사실을 담고 있지는 않다. 어른들은 자신과 비슷한 사람을 좋아한다는 내용이다. 대개 이미 그럴 거라고 짐작하는 사실이다.

예를 들어 사람들은 자신과 신체적 매력이 비슷하다고 믿는 파트너를 선택하는 경향이 있다. 우리는 모두 이를 알고 있다. 누군가 소개팅에서 '대박' 상대를 만났다고 에둘러 말하면 우리가 실소를 날리는 이유이기도 하다.

더 어두운 측면도 있다. 우리는 자신과 같지 않은 사람을 싫어하는 경향이 있다. 같지 않다는 점은 피해야 할 상대를 예측할 확률을 높여주는 지표다. 반면 유사성은 우정을 쌓는 쪽으로 발전할 가능성이 크다.

「나와 같지 않아 = 나빠」는 자신처럼 행동하고 자신과 비슷하게 보이는 사람들에게 긍정적인 기대를 갖는다는 다른 임상 연구 결과를 추가로 보여주며 이런 주장을 뒷받침한다. 이런 사람들은 나와 다른 사람보다 비슷한 사람이 더 공정하고, 신뢰할 수 있고, 더 스마트할 것이라고 예상한다. 이뿐만 아니라 그런 판단을 내리게 만드는 유사성은 사소한 것부터 불안감에 이르기까지 다양하다.

사소한 요소를 살펴보면, 2010년에 나온 한 논문(《심리학 저널》에 게재된 구겐, 제이콥, 모리노Guéguen, Jacob & Morineau의 논문)은 이메일을 요청하는 사람의 이름이 수신인과 같을 때 수신자는 이메일의 내용에 대한 만족도가 증가했음을 보여주었다.

나는 새로운 사업 개발 초기에 실제로 이를 시도해봤다. 기본적으로 새로운 무언가를 팔려는 낯선 이에게 시간 내기를 싫어하는 바쁜 사람들 때문에 큰 성과를 보지는 못했던 시도였다. 우리는 이메일 주소에만 존재하는 가상의 새로운 비즈니스 매니저를 '고용'했다. 우리 IT 담당자의 이름을 따서 '콜린'이라는 친근한 이름을 붙였다. 가장 최근의 타깃 고객이 누구이든지 간에 주소의 이름을 그 사람의 이름으로 변경해달라는 요청을 처리했다.

이 연구에서 주장한 대로 정확하게, 이런 이메일에 회신하는 사람들이 증가했다. 결과적으로 우리의 새로운 비즈니스 매니저는 실제 사람(대개는 나였지만)에게 발생하는 어떤 미팅이든지 대신하는 데 탁월했다. '수고했어, 콜린'은 새로운 약속을 알리는 내부 의사소통의 친숙한 신호가 되었다. 이런 심리적 속임수를 비난할지도 모르지만, 나의 인지적 불협화음을 달래기 위해 나는 이를 봇의 초기 버전으로 생각하는 편이다.

더 중대한 문제를 들여다보자. 1971년에 실시된 현장 실험에서 백인 참가자들은 길가에 차를 세워놓고 도움을 청하는 같은 백인에게 더 도움의 손길을 내밀었다. 전화로 도움을 요청받은 경우에도 상대방의 목소리를 '백인'의 목소리로 인식할 때 같은 결과가 나왔다.

이 두 연구는 모두 50년이 되어가고 있다. 누군가는 사람들의 태도가 바뀌기를 바랄 것이다. 고맙게도 지난 50년 동안 편견이 줄어들었다는 연구 결과가 많다. 예를 들어 젊은 백인은 나이 든 백인보다 인종에 대한 고정관념을 덜 드러내는 것으로 나타났다. 또 백인이 노골적이지 않게 편견을 표현하는 새로운 방식을 찾았다는 연구 결과도 그만큼 많다. 이는 제도적 인종차별이나 무의식적 편견의 존재 이유를 설명하는 데 도움이 된다.

집단 간 편견을 전문으로 연구하는 일노이대학교의 타이론 포먼Tyrone Forman 교수는 2003년 백인 고등학생들을 대상으로 한 조사에서 인종차별 문제에 '전혀 관심 없다'고 답한 비율이 1976년 13퍼센트의 곱절인 27퍼센트로 나타났다고 밝혔다. 그는 21세기에도 여전히 만연한 인종 관련 사회 문제와 불평등에 대한 냉담한 자세를 '인종 무관심'이라는 용어로 부른다. 여기서 나는 50년 전 연구 결과들이 떠오른다. 우리 관심사에도 이런 무관심은 도움이 되지 않으리라 본다.

「나와 같지 않아 = 나빠」의 저자들은 우리가 비슷한 혹은 다른 타인에 대한 제3자의 상호작용을 어떻게 평가하는지도 살펴봤다. 그들은 우리가 자신과 다른 사람을 부정적으로 보기 때문에 역시 그들에게 적대감을 보이는 사람들을 우호적으로 바라볼 수도 있다는 가정을 했다. 그 말은 반대로 우리가 그들에게 친절했던 제3자를 못마땅하게 여길 수도 있다는 뜻이다. 실험자들이 그런 태도를 문화적으로 습득했는지, 아니면 태어날 때부터 습득한 선천적인 행동인지를 파악하기 위해 유아들을 실험 대상으로 모집했다. '선천적 대 후천적'의 대결이 다시 시작됐다.

그들의 연구 결과는 언어 능력이 형성되기 전에(학습된 행동과 학습되지 않은 행동을 구분할 때 중요한 기준), 유아들이 자신과 비슷한 사람을 선호했을 뿐만 아니라 다른 사람을 싫어하는 경향이 있다는 것을 시사했다. 즉, 자신과 다른 사람에게 호의를 베푼 제3자보다는 외면하거나 적개심을 보이는 제3자를 더 선호한다는 것이다. 이 연구는 유아들이 14개월부터 중립적인 개인과 해롭거나 도움이 되는 개인을 구분할 수 있다는 점을 보여주었다.

연구자들은 실험에서 아이들이 각자 가장 좋아하는 음식이 무엇인지를 확인했다. 그런 다음 그들은 아이들에게 자신과 같은 음식을 선택하는 인형과 그렇지 않은 인형이 나오는 인형극을 보여줬다. 그런 다음 두 마리의 개 인형을 보여줬는데, 한 마리는 도우미였고 다른 한 마리는 훼방꾼이었다. 이 두 마리 개는 취향이 같은 인형이나 다른 인형을 돕거나 방해하면서 자신의 역할을 했다. 실험의 다음 단계에서 연구자들은(어느 개 인형이 도우미인지 훼방꾼인지 모르는 상태에서) 이 개 인형들을 아이들에게 보여줬다. 각 개 인

형에 대한 선호도는 아이들의 몸짓, 얼굴 표정 그리고 바라보는
시선을 통해 확인했다. 예를 들어 미소를 지으며 취향이 다른 인
형에게 해를 끼친 인형을 오랫동안 응시하는 것은 명백한 결과였
다. 세 살 정도 나이의 아이들에 대한 다른 유사한 연구들이 있다.
예를 들어 그 아이들은 같은 취향의 장난감을 좋아하는 또래들과
놀기를 더 선호하는 것으로 밝혀졌다.

　이러한 실험은 아이들이 관대하고 포용적이며 편견이 없다고
믿는 사람들에게 충격적인 결과였다. 나 역시 그렇게 생각했지만,
이제 관련 연구 결과를 알고 있다. 나는 사람들의 삶에 영향을 미
치는 어떤 결정을 내릴 때, 이를테면 직원을 고용할 때 내가 그런

선택을 했는지 생각해보기 시작했다. 나 자신의 다른 버전을 편애하지 않는다는 사실을 확인하고 싶었다.

확실히 하자면, 이 연구는 자신과 비슷한 타인을 선호한다고 해서 극단적인 견해를 가지고 있다는 의미는 아니다. 결론은 증오가 문화적으로 획득된다는 것이다. 하지만 학계에서는 우리의 선호가 나중에 편견을 낳을 수 있다고 말한다. 그들이 지적하듯이 역사는 자신과 다른 개인을 향한 폭력을 적극적으로 지지하거나 단순히 무시하는, 인간의 활동을 보여주는 사례로 가득하다. 이를 피하기 위해 우리는 자신의 선호에 대해 경각심을 가지고 의문을 제기해야 한다. 하지만 대부분 감정이 차오르면 주의력이 떨어진다. 눈가리개가 벗겨지지 않는다. 이념의 충돌만큼 이것이 시험대에 오르는 곳도 없다.

서로 이념이 부딪혔을 때

노동운동은 이념적으로 분열되는 경향이 있어서 흥미로운 연구 대상이다. 넓게 보면 노동자들은 노동 조건이 전반적으로 개선될 필요가 있다는 데 동의한다. 그들의 이익은 노동조합에 의해 대표된다. 협상은 사회주의 또는 집단주의 노선에 따라 진행될 것이다.

반대편에는 경영진과 주주들이 있다. 이들은 대체로, 그렇다고 반드시는 아니지만 자본주의적 또는 자유주의적 가치를 따른다.

여기서 집단 안팎에 충돌이 있다. 양쪽 모두 무엇이 공정한지에 대한 해석이 다르고, 이에 대한 신념이 있다. 실수하지 말자. 양측은 스스로 말과 행동이 공정하다고 믿는다. 어려움은 여기서 끝나지 않는다. 우리가 배운 바에 따르면 노동자들은 자신과 가장 비슷한 사람들, 즉 다른 노동자들을 선호하는 경향이 있을 것이다. 그리고 경영진들도 마찬가지이다. 두 집단 모두 자신과 다른 타인보다 비슷한 타인을 더 공정하거나 신뢰할 수 있다고 보는 경향이 있다. 만약 우리가 이를 믿는다면 이미 눈가리개를 한 채 적대감을 보이는 공간 너머에 외치고 있다고 해도 과언이 아니다. 이제 이것이 실제 사례 연구에서 어떻게 작동하는지 살펴보자.

TGI 프라이데이의 티핑 포인트

2018년 TGI 프라이데이 레스토랑은 카드로 지불되는 팁을 매장 내 직원뿐만 아니라 주방과 대기실 직원과도 나누려고 했다. 액면대로라면 그러한 시도는 정당하다고 해석할 수 있다. 팁은 매장 내 직원뿐만 아니라 음식과 레스토랑 분위기와 문화에서 받은 감흥으로 손님이 기꺼이 지불하는 보너스이니까 말이다. 이러한 요소들은 모두 고객의 관대함에 영향을 미친다. 즉, 매장 내 직원이 이 모두를 책임지는 것은 아니다.

사랑을 퍼트리는 것이 잘못된 일은 아닐 것이다. 그러나 이 결정을 실제 적용할 때의 실용성을 따져본다면 그리 쉽지만은 않다. 매장 내 직원들은 그들의 평균 수입이 줄어들 것을 예상하고 당혹스러워했다. 긴장감이 올라갔고, 그 시점에서 매장 내 직원과 경영진은 피라미드 꼭대기에서 반대 방향으로 한 걸음씩 미끄러져 내려갔다.

이제 양측은 팁을 공유하는 것이 공정하다는 점에 대해서는 동의할 수 있지만, 공정성을 확보하는 방법에서는 의견이 불일치했다. 사실 불만스러운 매장 내 한 직원은 주방 직원들이 급여를 더 많이 받아야 한다는 점에는 동의하지만 그걸 왜 자신이 지불해야 하는지 모르겠다고 말한 것으로 한 잡지의 기사에서 인용됐다. 알고 보니 매장 내 직원들은 최저임금에 맞추어 최근 급여가 인상됐지만 더 숙련된 주방 직원들은 이미 최저임금 이상을 받고 있어서 급여가 인상되지 않았다.

갑자기 경영진의 행동이 평등주의를 위배한 것으로 보여서 노조가 끼어들었다. 기본급을 올리지 않고 주방 직원들을 달래려는 기만책일 수 있기 때문이었다. 언론이 날카롭게 바라보면서, 사람들은 왜 그런 큰 사업체가 직원들에게 인간다운 삶을 위한 급여를 지급하지 않고 최소 임금 수준에 머물러 있는지를 물었다. 레스토랑 체인은 자신들의 책임을 애꿎은 피해자에게 돌린다는 비난을 받았다.

애런슨과 태브리스의 모델에 따르면, 피라미드를 내려갈 때 자신의 위치를 정당화하는 증거를 찾는 전투원을 식별할 수 있어야 한다. 아니나 다를까, 일부 언론은 다른 체인 레스토랑의 연쇄 도산에 대한 경영진의 우려와 함께 업계 전반에 걸친 손님 감소에 대해 언급했다. CEO가 자기 임금을 최근 10만 5천 파운드로 올린 사실은 논쟁에서 부각되지 않았지만 분명히 다른 쪽에서는 그렇지 않았다.

만약 내가 두통을 불러일으키는 긴장감에 눈을 감는다면 이를 분열의 중심에서 갈라져 오는 긴장감 크리프의 한 예로 볼 수 있다. 관련자들의 선호에 따라 만들어지고 유지된 분열 자체가 분쟁이 일어나기 전부터 존재했다고 할 수 있는 사례다.

어떤 형태의 갈등은 나와 다른 집단들이 서로 접촉하는 와중에 불가피하게 발생한다. 그저 필요한 것은 불을 붙이기 위한 불꽃만 있으면 된다.

TGI 프라이데이 사례에서 자신과 다른 타인에 대해 모두 눈가리개를 하고 있을지도 모르는 몇몇 집단이 있다. 자유주의적/자본주의적 가치를 지닌 사람들과 사회주의적 성향을 가진 사람들이다. 이렇게 성향이 다른 두 집단, 즉 경영진과 노동자를 깔끔하게 구분하리라 생각하는 것은 유혹적이기는 하다. 하지만 자유주의적이거나 자본주의적 성향을 가진 노동자와 사회주의적 가치를 지닌 경영자도 많다. 부엌이나 건물 앞에서 일하는 하위 집단들도 많다. 그리고 한 집단에서 팁을 떼어내 다른 집단에게 주기로 한 결정 때문에 서로 적대시하게 되었다는 걸 잊지 말자. 이는 전형적인 지뢰밭이다. 대부분 사람은 이런 논쟁을 헤쳐 나가는 데 필요한 능숙한 대처 능력이 부족하다.

정치적 결사 단체인 정당에서는 이런 눈가리개가 더 촘촘해진다.

미국 스탠퍼드대학교와 프린스턴대학교의 산토 이옌가르Shanto Iyengar와 숀 웨스트우드Sean J. Westwood는 각각 인종 간 적대감을 능가하는 미국 대중의 민주당과 공화당 사이의 당파적 적대감 수준을 보여주었다. 2018년 논문(「정당의 노선을 가르는 두려움과 혐오: 집단 양극화에 관한 새로운 증거」)에서는 인종 간이나 다른 종류의 적대감 표현은 사회적 규범에 의해 제한되지만 정치에 관한 한 그런 구속이 존재하지 않는다는 점에 주목했다. 정치 지도자들이 상대 진영을 향해 던지는, 이제는 우울할 정도로 친숙한 적대적 언행이 '수용 가능하고, 심지어 적절하다'는 것을 모두에게 보여주는 기능을 한다고 설명한다.

이 논문은 또한 정당 선호가 비정치적 결정, 심지어 사랑과 같은 문제에도 영향을 미친다고 주장한다. 자녀가 정치 성향이 반대인 가정의 구성원과 결혼하는 것을 불만스러워하는 부모가 놀라울 정도로 증가하고 있다고 한다. 이옌가르와 웨스트우드는 민주당원과 공화당원 사이의 결혼은 전체 결혼에서 단 9퍼센트만 차지한다는 연구 결과에도 주목했다. 그리고 이런 정치적 선호는 인생의 동반자를 선택할 때 신체적 매력과 성격보다 더 우선했다.

나는 이 부분을 읽고 쓴웃음을 짓지 않을 수 없었다. 이는 내 가족의 전설 같은 이야기와 완벽하게 일치했기 때문이다. 학창 시절에 아내는(영국 국민보건 서비스를 지원하는 좌익 성향의 의료 전문가 집안 출신) 자신이 보수당 성향의 가족 구성원과 사귀고 있다는 사실에 충격을 받았다. 사귀던 남자는 어느 날 밤 코미디 클럽에서 데이트를 하다가 자신의 정치적 성향을 드러냈다. 스탠드업 코미디언은 흥을 돋우려고 영국의 보수당인 토리당 지지자가 있느냐고 물어보면서 좌중을 나누려고 시도했다. 그 남자가 손을 들었다. 코미디언은 달아오른 분위기를 감지하면서 그의 이름을 물었고 대박을 터트렸다. "스털링." 그가 대답했다. 그의 대답은 길게 늘어지는 코미디언의 가성으로 되돌아왔고, 이는 오직 토리당원만이 그런 이름을 가질 수 있다는 암시였다. 청중의 편견이 즉시 작동했고 곧바로 떠들썩한 웃음소리가 이어졌다. 불쌍한 스털링….

나는 종종 그녀가 그 자리에서 그 남자를 차버렸다는 말을 하려고 이 이야기를 과장하곤 한다. 분명히 그는 멋진 남자였을 터이다. 하지만 그녀가 가족에게 그를 소개하는 장면을 상상할 수 없다는 사실은 관계의 종말을 의미했다. 결국 그의 손실은 나의 소득이 됐다.

우리는 정치에 관해 대화를 나누지 않는다.

수많은 연구가 강력한 집단 내 정체성(정치적 동맹 같은) 또는 어떤 동기(예를 들어 채식주의 또는 낙태 반대주의)를 중심으로 모인 집단 정체성과 집단 내 사람들의 소중한 신념에 반하는 집단 외부의 논쟁에 대한 평가 사이에 존재하는 부정적 연관성을 보여준다. 앞서 배웠듯이 사람들은 자신의 신념에 대한 확실한 증거를 찾고 그외 다른 모든 것을 무시한다.

비록 우리가 이런 종류의 분열에 대해 어떤 공감대를 형성할 수 있다는 보장은 없지만 눈가리개를 풀고 한 점의 빛이라도 들어오게 할 수 있는 몇 가지 방법이 있다.

눈가리개를 푸는 방법: 타당성 인정하기

나와 반대되는 관점의 타당성을 인정하는 것이 대립을 줄일 수 있다는 연구 결과가 있다. 이는 갈등에도 불구하고 일을 해낼 가능성을 높인다.

UCLA 앤더슨 경영대학원의 경영조직학 교수 코린 벤더스키[Corinne Bendersky] 박사는 2014년 「반대자의 지위를 긍정함으로써 이념 갈등 해결하기: 티파티, 오바마케어 그리고 2013년 정부 셧다운」이라는 논문을 발표했다. 벤더스키 박사는 지위 확인이라고 부르는 과정을 통해 어떻게 반대 견해를 가진 참가자들이 상대방을 덜 적대적으로 보고 더 관대한 자세로 바뀌도록 설득할 수 있는지를 보여줬다.

벤더스키는 독재자 게임의 한 형태를 수행했다. 사회심리학에서 유명한 실험으로, 한 선수(독재자)가 자신과 두 번째 선수 사이에 상(흔히 일정 액수의 돈)을 나누는 방법을 결정한다. 후자는 결정에 영향을 미칠 수 없으며 독재자가 전혀 나누지 않기로 결정하면 아무런 몫도 가져갈 수 없다. 아마도 대부분 독재자가 이기적인 결정을 내려 모두 가져갈 것이라고 생각하기 쉽다. 그런데 그렇지 않다. 실험은 그들이 종종 일정 몫의 현금을 나눠주면서 자신의 몫을 줄인다는 사실을 보여준다.

또한 극심한 논쟁이 예상되는 주제에 대해 서로 반대 입장인 두 사람이 이 실험을 할 때(상대방의 강한 반대를 서로 알고 있을 때), 언제나 모든 보상을 독차지하려는 독재자가 나올 수 있다고 예상하는 것이 합리적일 수 있다. 아니면 적어도 최대한 가혹한 나눔이 예상된다.

참가자들은 당시의 뜨거운 이슈였던 오바마케어 법안에 대한 정치적 의사 표현을 해달라는 요청을 받았다. 벤더스키는 독재자들이 평균적으로 자신이 받을 보상의 40퍼센트 이상을 반대자들에게 주었다고 보고했다. 그러나 그들은 또한 독재자의 지위를 다시 확인했다. 독재자의 입장을 인정하지 않고 그저 맞서기만 하는 반대자는 보상받을 가능성이 훨씬 낮았다.

의견이 다른 누군가를 인정하는 방법

의견 불일치의 상대를 쉽게 인정해주는 방법이 있다. 하나의 관점을 지지하는 사람들은 "이 점에 동의하지는 않지만…"과 같은 말을 함으로써 의견 차이를 단순하게 인정한다.

그런 다음 긍정하는 작업을 시작한다. 분명 정확한 표현은 주제나 논쟁에 따라 다르지만 다음과 같은 말들이다. "나는 자신의 신념을 설득력 있게 설명하는 당신처럼 원칙 있는 사람을 정말 존경한다."

그리고 그들의 위치를 진정으로 강조하는 방법을 찾는다. "당신의 주장이 이제 명확해졌다. 당신의 입장을 이해한다. 당신의 관점은 확실히 내게 영향을 미쳤고 이 조직/노력/세계에 점점 더 영향력이 커지고 있는 것을 알 수 있다."

상대방의 입장을 확인한 후 그 관점에 맞춰 조정하거나 양보할

수 있는 상황에 따라 계속해서 자신의 주장을 개략적으로 설명할
수도 있다.

하지만 주의해야 할 말이 있다.

실케 에셔트Silke Eschert와 베른트 사이먼Bernd Simon의 2019년 논문(「존
중과 정치적 의견 불일치: 집단 간 존중이 외부 집단 주장에 대한 편향된 평가를
줄일 수 있는가?」)은 지위 확인이 어떤 상황에서는 적절하지 않을 수
있다는 견해를 밝혔다. 예를 들어 그들은 포퓰리즘 우익의 입장을
긍정하는 민주 정당들이 여러 가지 이유로 민주당에 해가 될 것이
라는 생각을 제기했다.

에셔트와 사이먼의 상호존중 모델은 서로 동등한 지위를 인정
하는 것이다. 이것은 '포퓰리스트와 민주당원이 서로 논쟁할 때
각자 자신의 주장을 제시하고 상대의 말에 귀 기울여 들어주는 형
태'로 구체화된다.

유명한 인용구가 떠오른다. "당신의 말에 동의하지는 않지만 나
는 당신이 그 말을 할 권리를 목숨 걸고 지킬 것이다. 무가치한 논
쟁은 없다."

적대감이라는 눈가리개

누군가에게 "제 생각은 다른데요"라고 말한다고 해서 항상 적대
감으로 이어지는 것은 아니다. 하지만 대개 적대감으로 이어지는

첫걸음이기는 하다.

의견 차로 논쟁을 하다가 얼마나 쉽게 멀어질 수 있는지를 살펴봤다. 심지어 서로 사랑하거나 존중하는 관계에서도 마찬가지였다. 나는 이를 '긴장감 크리프tension creep'라고 불렀다. 동료 사이가 틀어지고 부부가 헤어지는 원인이다. 또 조직 내부에 독소가 퍼져나가는 원인이다. 노사분규 같은 까다로운 협상이 결렬되고 비즈니스 파트너십이 해체되는 까닭이기도 하다.

긴장감은 중력을 발생시킨다. 마치 암흑성暗黑星처럼 어둠을 불러 모으듯이 의견이 불일치할 때 자신의 입장을 강화하기 위해 같은 편을 찾는다. 반대되는 시각에는 의도적으로 눈을 가린다. 그렇게 분쟁은 계속된다.

한 걸음 물러서는 것은 의지의 행동이다. 양측이 협력해야 성사된다. 그러기 위해서는 모든 이가 명확하게 바라봐야 한다. 엄지와 집게손가락으로 눈가리개를 잡고 아래에서 위로 벗겨내야 한다. 그래야만 우리는 자신의 행동을 관찰할 수 있고 우리 결정에 의문을 제기할 수 있다. 내가 왜 저 사람 대신 이 사람을 고용한 거지? 왜 나는 다른 사람의 주장을 배척하고 이 사람의 주장을 선택하는 거지? 그들의 사례가 설득력이 있기 때문일까? 아니면 그들이 어떤 면에서 나와 비슷한 타인이기 때문일까? 같은 이름, 같은 취향, 같은 종교, 같은 성별, 같은 인종, 같은 정치 성향이기 때문일까?

혹시 그가 나처럼 감자칩보다 새우깡을 좋아하기 때문은 아닐까?

그 연구는 우리 모두가 어릴 때부터 편견을 가지고 있다는 것을 보여준다. 많은 인간의 성향처럼 하나의 스펙트럼 위에서 작동하는 사례일지도 모른다. 증오 범죄가 발생하는 극단의 끝에서는 그런 편견들이 추악하게 드러난다. 우리는 적개심으로 눈을 가린 사람을 쉽게 찾아낼 수 있다. 그런 사람은 이를 꿰뚫어 볼 수도 없고, 그럴 의욕이나 도구도 가질 수 없다.

다른 쪽 끝에는 선호와 편견이 잠재의식 속에 묻혀 있다. 선호와 편견은 미묘한 방식으로 작동해 우리의 행동과 태도에 영향을 미친다. 그것들이 우리의 의사 결정에 어떻게 영향을 미치는지 또는 우리가 자신과 다른 타인들을 어떻게 불쾌하게 할 수 있는지 알아차리지 못할 수도 있다. 우리는 자신의 눈가리개가 얇고 심지어 거미줄 같은 가는 실로 만들어져서 자신의 결정을 검토하는 데 많은 시간을 들일 필요가 없다고 생각할지도 모른다. 하지만 만약 타인에 대한 선택적 행위 때문에 누군가 자신을 대하는 우리의 행동을 우호적이지 않다고 받아들인다면 적대감을 느끼리라 예측할 수 있다. 상호 비난으로 중요한 협상이 무산되는 것을 막고, 조직 내부의 건강한 문화를 유지하며, 전쟁 중인 파벌들에게 평화를 가져오려면 모든 관련 당사자가 자신의 역할을 재인식하기 위해 더 많은 노력을 기울여야 한다.

눈을 가린 적대감을 벗어 던져야 한다.

중이 제 머리를 못 깎듯이 적대감을 벗기 위해서는 약간의 도움이 필요하다.

I
Don't
Agree

경청은
상대방을 변화시킨다

능동적 경청이 효과를 발휘하면, 말하는 이는 상대가 열심히 듣고 있다는 것을 이해하기 시작한다. 즉, 자신의 말이 잘 전달되고 있다고 느낀다. 능동적인 경청은 신뢰를 쌓는다. 이는 또한 업무 상담이나 건강한 관계를 유지하는 데 중요한 기술이다.

모든 책을 다 읽었다고 해도 그리고 모든 훈련을 마쳤다고 해도 수렁을 헤쳐 나갈 방법은 없다. 적어도 그렇다는 걸 이제 이해는 한다.

자신의 동기를 세 번 검토하고 또 편견과 행동도 확인했지만 교착 상태는 그냥 풀리지 않는다. 이제는 인정해야 할 때인지도 모른다. 우리는 도움이 필요하다.

하지만 영감을 얻기 위해 누구에게 의지해야 할까? 만약 자신은 엄청나게 노력했다면 누가 더 나은 훈련과 더 나은 도구, 더 많은 기교와 책략을 가지고 있을까?

검색해야 할 단어는 무엇일까?

카운슬러? 협상가? 코치?

외교관? 토론자?

중재자 아니면 동맹?

그저 좋은 귀를 가진 친구일 수도 있고…, 때로는 삶을 가장하는 그 더러운 막대기의 끝을 붙잡은 약간의 경험일 수도 있다.

이는 뉴욕 경찰국 인질 협상 팀으로 승격하기 위해 정확히 필요한 경험이다.

이번 장에서는 심각한 갈등 상황을 겪어온 사람들을 살펴보자. 실제 생사가 오가는 위험한 갈등 순간 말이다. 이런 사람들에게는 배울 것이 많다. 더 좋은 것은 여기서 배운 학습을 순간적으로는 생사가 달린 것처럼 보일지는 모르나 실제로는 그렇지 않은 상황에 적용할 수 있다는 점이다.

뉴욕 경찰에게서 배우는 협상의 기술

33년간 뉴욕 경찰이었던 잭 캠브리아 경위는 세계 최초 인질 협상 팀에서 최장수 지휘관이었다. 중요한 성과 지표는 시체 수를 0으로 유지하는 것이다. 그의 직업은 힘든 일이다. 그 자신도 1988년 포위 사건으로 총에 맞은 적이 있다. 다행히 잭은 살아남아 여전히 우리에게 뭔가를 가르쳐줄 수 있다.

나는 잭으로부터 뉴욕 경찰 인질 협상 팀이 1970년대 초반 연달아 발생한 사건의 영향으로 결성되었음을 알았다.

우선 1971년 뉴욕의 아티카 주립 교도소 폭동이다. 수감자

2,200명이 봉기를 일으켜 교도관 42명을 인질로 삼았다. 나흘 동안 계속된 긴박한 대치 끝에 주 경찰이 통제권을 되찾으려다가 43명의 사망자를 낳았다.

둘째, 브루클린에 있는 존앤앨의 스포츠용품 가게에서 뉴욕 경찰 한 명이 살해된 어설픈 강도 사건이다. 무장 괴한들이 11명을 인질로 잡은 후 나흘 동안 대치가 계속되었다.

마지막으로 외상후 스트레스장애(PTSD)를 겪는 베트남 참전용사 존 요토비츠가 연인의 성 전환 수술 비용을 대기 위해 공범 2명과 함께 브루클린에 있는 체이스 은행을 털었다. 경찰이 사건 현장에 도착했을 때, 영화 〈대부The Godfather〉를 보며 범죄를 계획한 아마추어 강도들이 직원 8명을 인질로 붙잡고 있었다. 교착 상태는 14시간 동안 지속되었다. 요토비치의 뒷이야기와 사건의 진행 상황을 취재하기 위해 은행 밖에 모인 거대한 미디어 서커스는 아이러니하게도 〈대부〉에 출연했던 알 파치노가 주연한 오스카 수상 영화인 〈뜨거운 오후Dog Day Afternoon〉의 소재가 되었다. 요토비츠와 공범은 공항까지 안전하게 길을 열어줄 것을 약속받아 은행을 빠져나와 공항으로 향했다. 그때 경찰이 '즉흥적으로' 쏜 총에 살바토레 내추럴(공범)이 사망했고, 당시 이를 비난하는 보도가 쏟아졌다.

이 사건은 경찰 당국에 총기 사용에 관한 분수령이 되었다. 자기반성과 평가의 시간을 거쳐 무차별적 무력 사용을 축소하기로 했다. 새로운 시대가 도래한 것이다. 무력 대응보다는 심리학적 대처가 주된 전략이 됐다.

행동적·감정적·인지적 프레임워크가 경찰이자 임상심리학자였던 뉴욕 경찰 팀의 창립 멤버 하비 슐로스베르크Harvey Schlossberg에 의해 고안되었다. 이 대응 틀은 세계 최초 인질 협상 팀의 핵심 원칙과 훈련 프로그램이 되었으며, 이는 FBI를 포함한 다른 많은 법 집행 기관에 영감을 주었다. 뉴욕 경찰 협상가를 위한 훈련 과정은 1973년에 첫 졸업생을 배출했고 여전히 활발하게 진행되고 있다.

그럼 이 팀에 들어가기 위해서는 무엇이 필요할까?

첨예한 갈등을 해결하는 데 필요한 자질

뉴욕 경찰 잭은 팀원을 모집할 때 지원자들에게 사랑이 무엇인지를 물었다. 또한 상처나 실망, 성공, 거절, 무엇보다 실패를 경험한 적이 있는지를 질문한다.

그렇다. 내 경험의 서랍에는 분명히 실패가 들어 있으니 아직은 탈락하지 않았다.

그 당시 실패는 잭에게 큰 골칫거리였다. 이는 누군가가 그 팀에 들어갈 수 있는 기회가 되었다. 신선하다! 개인적인 성취 외에 다른 것을 알고자 물어보는 구직 지원서를 상상해보라. 지원자는 속임수라고 의심할지도 모른다. 잭이 말을 이어갔다. 성공하는 법을 알고 싶다면 실패가 클수록 인생의 교훈은 더 커진다는 것을 깨달아야 한다.

실패 경험은 인질범과 대치할 때 유용하다. 위기 협상가의 업무 중 하나는 비상사태의 원인을 찾아내는 것이다. 잭의 협상 원칙은 단순하다. 즉 핵심을 말하게 한다. 이런 전략은 뉴욕 경찰의 인질 협상 팀 모토인 "나에게 말하라"와 완벽한 시너지를 만들어냈다. 대립의 중심에 있는 사람이 인생의 불행 중 어떤 것이 그를 지금의 곤경에 이르게 했는지 돌아보기 시작한다면, 협상자는 긍정적인 역할 모델로서 행동할 뿐만 아니라 공감을 전달할 수 있을 것이다.

잭의 말에 따르면, 최고의 위기 협상가는 사람들이 그들의 어려움에서 다시 돌아올 수 있다는 살아 있는 증거로서 그 자리에 설 수 있는 사람들, 즉 인생의 구렁텅이에서 돌아온 사람들이다. 그들은 설득력 있게 주장할 수 있다. "나는 당신의 문제를 잘 알고, 당신과 이야기할 수 있어. 나도 같은 처지였던 적이 있어!"

요즘 잭은 인질 협상 지망생들을 훈련하며 던지는 질문을 알려줬다. "여기서 심각한 문제를 겪어본 적이 있는 사람?" 이렇게 물어보며 새로운 협상가들을 훈련시키기 시작한다며 자세히 설명했다.

난 이 부분이 너무 좋다. 나를 포함한 우리 모두 뉴욕 경찰에 고용될 수 있는 기본 자격이 있다는 뜻이다.

잭은 이 질문이 앞으로의 훈련을 위한 분위기를 만든다고 말했다. 새로운 협상가는 그들이 결국 협상할지도 모르는 위기에 처한 사람들과 공통점이 있을 것이고, 양쪽 모두 삶의 불가능한 요구를 경험하리라는 것을 이해해야 한다. 협상가는 그들의 협상 전략을 발전시키기 위해 그러한 경험을 이용할 수 있다.

내가 잭에게 갈등의 소지가 큰 회의에서 문제를 해결하는 방법을 알려달라고 압박하자 그는 최우선 과제는 좋은 인터뷰 기법이라고 대답했다. 잭은 영화와 TV 촬영에서 위기 상황이 정확히 표현될 수 있도록 자문해주곤 했다. 가장 주목할 만한 작품은 존 트라볼타가 주연한 2009년 리메이크작 〈펠햄123 The Taking Of Pelham 123〉이다.

나는 무언가를 조사하기 위한 인터뷰 기술이 있고 이에 익숙한 사람들이 핵심에 근접할 수 있다는 의미로 잭의 말을 이해했다. 그가 팀원 선발 과정에서 탐정을 선호한 이유였다. 수년간의 경험은 모든 종류의 긴박한 상황에서 올바로 질문할 수 있도록 본능을 발달시키기 때문이다. 이것은 위기를 초래한 배경을 밝혀낼 때 필수적이다.

탐정이 아니더라도 걱정하지 마라. 지금 당장 배울 수 있는 기술이 있다. 하지만 우리는 먼저 입을 다무는 법부터 배워야 한다.

열심히 듣는 것이 첫걸음

잭은 적극적인 경청이 인터뷰 기술과 협상 둘 다에 중요하다고 언급했다. 우리는 이런 기법에 익숙할지도 모른다. 듣는 사람은 말하는 사람이 전달하려는 메시지에 완전히 귀를 기울인다. 듣는 사람은 자아를 억눌러 자신의 판단이나 의견을 보류하고, 말하는 사람은 방해받지 않고 내면의 감정을 완전히 공개한다. 누군가의 문제에 성급히 질문하면서 덤벼드는 것과는 반대 방식이다.

이 기법은 몇 가지 핵심 부분으로 나눌 수 있다.

1. 미러링과 의역하기

협상가 혹은 청취자는 보디랭귀지를 민감하게 살펴보고 대화에서 자연스러운 일시정지를 통해 말하는 내용을 공감하며 해석하거나 보디랭귀지 신호를 그대로 따라 한다.

2. 요약하기

화자의 사정에 공감한다는 마음을 보여주기 위해 협상자는 자신의 말로 문장 전체를 요약할 수 있다. 즉, 화자에게 자신이 충분히 이해받고 있음을 전달하기 위해서다.

3. 라벨링

협상자는 적절할 때 화자의 감정에 라벨을 붙이거나 해명을 요구하려고 시도할 것이다. "당신은 화가 난 것 같다" 또는 "당신은 좌절한 것 같다"고 표현할 수 있다.

"좋아요, 그래요, 맞아요, 알아들었어요"와 같은 최소한의 격려도 사용할 수 있다. 앵무새처럼 보이지 않게 적절히 사용한다.

능동적 청취가 효과를 발휘하면, 말하는 이는 상대가 열심히 듣고 있다는 것을 이해하기 시작한다. 즉, 자신의 말이 잘 전달되고 있다고 느낀다. 능동적인 경청은 신뢰를 쌓는다. 이는 또한 업무 상담이나 건강한 관계를 유지하는 데 중요한 기술이다.

반면에 몇 가지 버려야 할 습관도 있다.

> 미러링, 의역하기, 요약하기, (감정적) 라벨링 붙이기. 이 핵심 용어를 기억하라. 순서가 있는 것은 아니다. 적절하게 감각적으로 사용한다.

버려야 할 습관들

1. 듣는 척하기

적극적인 자세와 정반대의 행동이 '듣는 척하기'다(직장 생활에서 흔히 일어나는 일이자 누구에게나 익숙한 경험일 것이다). 분명히 말하건대 내가 이 용어를 만들었다고 해서 이런 잘못을 저지른 적이 없다는 것은 아니다. 긴장감이 감도는 상황이든 아니든, 누군가는 우리가 말하는 것에 관심을 보이는 척하고 완벽한 연기를 위해 그에 상응하는 몸짓을 한다.

듣는 척하는 사람들은 자신의 선입견 때문에 이야기에 집중하지 않는다. 그러면서도 대화가 소강 상태에 빠지면 자신의 주장을 펼치기 위해 기회를 엿본다. 바람직하지 않은 행동이다.

어떻게 하는 것이 좋은지 그 모범으로 다시 잭 캠브리아 경위에게 돌아가자. 2014년 나는《월스트리트 저널》에서 그가 미국 뉴욕시 맨해튼 중심부에 있는 타임스스퀘어의 한 건물 옥상에서 뛰어내리겠다고 소리치는 한 남자와 협상하는 사진을 보았다.

자살하려는 사람이 자신을 어르고 달래는 상대방 역시 위기에 처한 적 있다는 사실을 안다면 관심을 보일 것이다. 아래가 까마득한 난간에 서 있는 그에게 달려들어 끌어내릴 기회를 찾기 위해 적극적으로 귀를 기울이기에 앞서 관심을 보이게 만든다. 그러나

겉으로는 당장 뛰어내릴 것 같은 자세의 남자와 달리 잭은 느긋해 보이면서도 주의력이나 인내심이 부족해 보이지는 않는다.

방심하는 순간 언제든 달려들기 위해 때를 기다린다.

2. 조급한 행동

잭은 찬성하지 않을지 모르지만, 나는 이 충동을 '조급한 행동'이라고 이름 붙였다.

애쉬 알렉산더-쿠퍼 역시 동의하지 않을 것 같지만, 그는 아프가니스탄에서 가장 필요한 자질 2가지는 인내심과 공감이라고 말했다. 애쉬는 22년 동안 아프가니스탄, 이라크, 발칸 반도를 포함해 분쟁 지역에서 활동한 영국 육군의 정예 부대원이었다. 잭과 마찬가지로 그는 위험하고 적대적인 환경에 뛰어들어 다른 사람들을 구출하는 일을 했다. 그 와중에 두 발의 총상을 입었다.

애쉬는 2011년부터 2014년까지 아프가니스탄 내무부의 선임 특별 고문을 지냈다. 그의 재임 기간에 아프가니스탄 국가 위기 대응 전략을 설계하고 실행했으며 이는 현재도 국가 정책에 포함돼 있다.

왜 그런 정책이 필요할까?

2001년 9·11 사태를 계기로 아프카니스탄에서 탈레반 세력을 축출하기 위해 미국이 침공한 이래 20년 가까이 지난 지금도 불안한 권력 구도는 계속되고 있다. 2004년 첫 민주 선거 이후 연속된 3번의 아프간 정부는 높은 경계태세를 유지해야 했다. 탈레반은 비록 정부로부터 밀려났지만 파키스탄 국경 너머에서 영향력을 행사하고 있다. 그들은 정부가 서방의 꼭두각시일 뿐이며, 아프가니스탄이 이슬람 국가로 알려져 있다 하더라도 온전히 이슬람의 종교법인 샤리아 법으로 돌아가기를 원하면서 빈번하게 공격을 펼치고 있다.

유엔, 나토, 국제안보지원군은 아프가니스탄에 주둔하며 아프간 군과 경찰을 지원할 뿐만 아니라 표면상 치안이 유지되고 있다는 사실을 보여주고 있다. 여기에는 복잡한 상호작용이 얽혀 있다. 문화적 단층을 가로지르는 단절이 있다. 시간은 어떻게 오려지고 잘려나가는가.

애쉬는 이를 생생하게 살려냈다.

수년에 걸쳐, 애쉬는 많은 아프간 사람들이 "당신은 시계를 찼지만, 우리는 시간이 있다"고 하는 말을 반복해서 들었다. 그는 아프간인들에게는 전쟁이 세대에 걸친 싸움이지만 나토와 다른 나라들에게는 6개월, 9개월, 12개월로 구분되는 작전이라고 말한다. 다시 말해 서방은 한 번에 18년간 주둔하는 것이 아니라 18번에 걸쳐 1년씩 실행하는 작전을 해왔다는 것이다.

또한 이런 세분화된 작전은 제한 시간 내에 달성해야 할 임무는 물론 그에 따르는 명성을 가져가야 할 고위 인사와 관련되어 있다고 말한다. 애쉬는 목표로 삼은 임무를 완수하지 못하고 고향으로 돌아가는 이런 인사들에게 조언을 해줘야 했다. 한 사례로, 어떤 장교는 예정된 시한이 다가오자 지역 지도부와의 협상에서 무력으로 결과를 강요하기도 했다. 그가 떠나버리면 곧 무너져버릴 협상안이라는 것을 모두가 알고 있었다. 하지만 그는 자신의 행동이 어떤 영향을 낳을지에는 관심이 없었고 상사에게 성공했다는 보고만 할 수 있기를 바랐다.

우리가 피해야 할 조급한 행동이다.

스스로 부과한 시간 압박 아래 그 장교는 지역 문화의 역학을 고려하는 데 실패했고 아프간 지도부는 그를 좌절시키고 스스로도 실패했다. 장교의 출발 시기를 알고 있었기 때문에 그들은 능숙한 솜씨를 발휘했다. 장교가 원하던 바는 아무것도 이뤄지지 않았다.

애쉬는 그 땅에 영구적으로 남겨질 사람들을 위해 해야 할 일은 주둔 시기 내에 일을 서둘러 끝내려는 것이 아니라는 사실을 보여줘야 한다고 설명했다. 처음 몇 번의 만남에서 차를 마시고 신뢰를 쌓는 것 외에 더 큰 기대는 하지 말아야 한다. 미묘한 문화적 차이를 이해하는 것 또한 중요하다.

애쉬는 적대적인 환경에서 긴장을 완화하는 것보다는 긴장이

고조되는 것을 막기 위해 할 수 있는 것들이 많다고 말했다. 지역에 영향력을 가진 이들과 만나고 이해하는 방법을 찾는 것 등도 하나의 방법이다. 예를 들어 모든 기지의 지역 지도자, 초소를 방문하는 모든 짐꾼과 악수하고 환담을 교환하는 식이다. 집단주의 국가에서 가족은 모든 의무의 중심이다. 사진을 공유하고 자녀들에 대해 이야기를 나누는 것은 인간성을 전달하는 보편적 소통이다.

지위와 존엄이 인정되는 환경에서 애쉬는 회의를 앞두고 자신의 라이플을 (동맹국 병사가 아닌) 아프간 경호원에게 건네줌으로써 상대방의 역할을 인정해주고, 방탄복을 입지 않음으로써 지역 인사들에게 신뢰를 보여주는 방법을 배웠다. 손님에 대한 환대는 아프가니스탄과 모든 이슬람 국가에서 신성한 의무이다. 이는 손님이 이슬람교도인지 아닌지에 관계없이 지켜야 할 의무다.

내가 애쉬에게 분쟁 지역에서 갈등을 해결할 수 있는 단 하나의 자질을 꼽아달라고 하자, 그는 "완전히 둔감해지는 것"이라고 대답했다.

한번은 새로 도착한 다른 지휘관인 고위 동료에게 지역 지도자를 방문했을 때 그들이 세 번째 차를 마시자고 하는 것은 그가 한 말을 좋아하지 않는다는 표현이라고 충고했다. 무슬림의 손님 접대 관습에 따르면 그것은 자리가 너무 길어지고 있다는 정중한 표시였다.

애쉬는 그의 적극적인 듣기 능력을 문화적으로 민감한 수준까지 끌어 올린 것이다. 나는 이 자질이 직업 외교관에게도 필요하다고 생각한다.

듣는 척하기와 조급한 행동의 관계

제레미 그린스톡Jeremy Greenstock 경은 전 유엔 상임이사국 대표이자 유엔 안전보장이사회 반테러위원회 위원장이었다. 그는 심각한 문제가 걸려 있는 서로 다른 문화 간 협상을 전문으로 다뤘다.

이런 협상은 줄타기에 견줄 만큼 쉽지 않은 일이다. 외교관이 되는 것은 균형 잡힌 행동을 해야 한다는 의미다. 상대방의 이해를 구할 수 있다는 보장은 없다. 아마도 적극적인 듣기가 이런 환경에서 중요한 기술이 될 터이다. 하지만 만약 듣고 있는 내용이 마음에 들지 않으면 어떻게 해야 할까? 외교상의 이익에 어긋난다면?

나는 제레미에게 그의 출신 배경과 신념이 협상 기술을 발휘하는 데 방해가 되는지를 물었다. 자신의 문화는 분열을 넘어서려고 할 때 불필요한 부담이 될 뿐일까?

그는 외교 자체가 하나의 문화라고 대답했다.

"유엔 상임이사국 대표들은 자국에서 그들에 대한 구속 지시가 있더라도 집단적인 문제 해결에 대한 의지를 발휘할 수 있다. 글로벌 협상 포럼의 정신을 지키는 주체가 자신들이 유일하다고 생각하기 때문이다. 어떤 사람은 개인적인 책임을 지기도 하는데, 이는 자신이 대표하는 나라에 대한 직업적 의무를 단순히 이행하는 것과는 다르다. 외교관들은 당연히 동의할 수 없는 사람들과도 협력하는 직업이다. 중간 지점은 우리가 대부분의 토론에서 도달하고자 하는 익숙한 영역이다. 그것이 바로 문화다."

분명히 외교 행랑은 그런 줄타기를 할 수 있지만, 나는 더 많은 것을 알고 싶다고 다그쳤다. 확실히 갈등이 고조될 때 문화적인 부담은 줄타기의 위험 요소일까?

개인적인 자세가 토론이나 논쟁으로 이어지는 길을 열거나 닫을 수 있다. 그것은 특히 모든 문화가 대표되는 유엔에서 더 현실로 다가온다. 더 넓은 시야를 갖는 것이 중요하다. 그러나 경험에 비추어볼 때, 외교관은 협상에 접근할 때 문화적 요소를 고려하는 것이 제2의 천성이다. 물론 인식, 신념, 통찰력도 한몫하지만, 외교관은 대중이 원하는 대로가 아니라 실제 세계에 대한 지식을 바탕으로 조심히 접근해야 한다.

만약 제레미에게 외교가 문화라면, 그의 기본 원칙은 무엇일까?

이에 대한 대답은 즉각적으로 나왔다. 더 많은 사람을 위해 좋은 일을 더 많이 하는 것이다.

이 대답은 제레미가 이라크 사람들에게 더 나은 삶을 제공하지 못한 데 대해 사과한 동기와 배경을 통찰하게 한다. 2003년 그가 쓴 회고록『전쟁의 대가The Cost of War』에는 2003년 이라크 침공 이후 영국 특사로 활동한 내용이 담겨 있다. 그의 어조는 아내에 대한 헌사에 잘 요약되어 있다. "사담 후세인에게 대량살상무기가 없을 것이라는 의심을 나보다 훨씬 먼저 했던 아내 안네를 위해."

2005년 당시 외무장관이었던 잭 스트로는 이 책의 출판을 금지했다. 영국이 2003년 이라크전쟁 참전을 결정하기까지 과정을 규명한 칠코 보고서the Chilcot Inquiry가 나온 후에야 출간할 수 있었다.

제레미가 내적 갈등을 겪었음을 이러한 조치로 알 수 있다. 즉 그의 외교적 본능과 의무가 그의 양심과 충돌해 개인적인 책임을 지는 것이다.

그의 책은 분쟁 동안 영국이 미국의 권력에 총체적으로 복종하게 된 상황, 그의 반대 주장에도 불구하고, 또 양국이 법적으로 책임이 있는 유일한 두 점령국임에도 불구하고 토니 블레어 총리가 미국을 제어하는 데 전혀 영향력을 미치지 못한 점을 묘사하고 있다.

내가 이해하기 어려운 세부 사항도 있다. 2003년 세 살배기 아들과 나는 의회 행진을 하던 백만 명의 사람들과 함께 있었다. 우리는 꽤 유명한 오래된 건물에서 "전쟁을 멈추라"고 외쳤다. 그 건물의 벽은 조용했다. 정부도 귀를 기울이지 않았다. 적극적인 듣기는 다시 한번 조급한 행동의 희생양이 됐다.

이 둘의 상관관계에 대해 조금 더 배워볼 시간이다.

FBI가 위기를 해결하는 방법

그레고리 베치(Gregory M. Vecchi)와 빈센트 반 하셀트(B. Van Hasselt), 스테판 로마노(Stephen J. Romano)가 2004년에 발표한 논문 『위기(인질) 협상: 고위험 분쟁 해결의 현재 전략과 쟁점』에서 조급한 행동을 명확한 근거 없이 '전술적 행동'(강제력에 대한 완곡한 표현)을 취하는 결정으로 묘사한다. 이는 위기 협상이 곧 해결될 징후 없이 장기화된다고 지휘관이 인식할 때 발생할 수 있다. 이 논문은 그러한 의사 결정에 비판적이며, 위기 해소를 시도할 때 시간이 실제로 협상가들의 친구라는 점을 인식하지 못하는 것이 그 근거가 된다고 지적한다. 협상이 장기화되는 것이 더 바람직할 수 있다.

첫 번째 단계는 적극적인 듣기다. 제대로 하면 다음 단계, 즉 상대(위기를 일으키는 사람)에 대한 진정한 공감으로 이어진다.

협상자는 여기서부터 관계를 형성하기 시작한다. 왜냐하면 상대

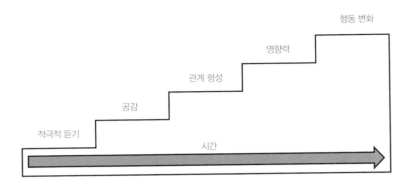

는 자신이 이해받고 있다고 느끼기 때문이다. 진정한 관심이 생겨난다. 협상자의 목소리 톤과 어조는 진실하게 받아들여지는 것이 중요하다. 따뜻하고 포용적인 자세가 좋다.

내가 FBI의 모델에 대해 본 모든 설명에서, 협상가는 오직 공감 단계에서만이 대화 주제에 대해 의미 있게 반응하는 쌍방향 대화를 시작할 수 있다. 신뢰 관계가 확립되면 주제는 협상자가 제시하는 모든 것으로 넓어질 수 있다.

상대의 행동이 생명을 위태롭게 할 수 있다는 것을 염두에 두고, 협상자는 이런 대치 상황을 불러일으킨 상대의 결함 있는 생각이나 (폭력적인) 행동에 대한 정당성을 들어줄 수 있다. 대치 상황을 추궁해서는 안 된다. 예를 들어 협상자는 상대의 실패한 결혼, 실직 등에 공감할 수 있고 복지의 사각지대에 놓여 자신의 아파트에서 내쫓기지 않기 위해 아이들과 함께 저항하는 아버지의 좌절을 깊이 이해해줘야 한다. 그렇다고 가족을 인질로 잡는 것이 그런 인생 경험의 자연스러운 결과라고 인정해줄 필요는 없다.

잭 캠브리아 경위가 말한 과거의 개인적 실패는 이런 순간에 친밀감을 통해 공통점을 찾는 데 도움을 준다.

일이 잘 풀리면 협상자가 상대에게 영향력을 미칠 수 있는 관계가 형성될 것이다. 해결책을 함께 생각하는 한, 협상자가 이끄는 대로 따라올 수 있다. 만약 이 단계에 도달했다면 행동에 변화가 일어날 것이다.

주변에 조언 구하기

이 책의 처음에 등장한 줄스 셔펠에게 돌아가보자. 분쟁 지역 베테랑인 그녀는 에티오피아의 아디스아바바에서 영국 대사관의 지역 분쟁 고문으로 일했다. 그전에 그녀는 사담 후세인이 몰락한 후의 바그다드로 부임했다. 우리는 5단계에서 지역 여성을 이라크에서 지도자로 앉히는 데 그녀가 한 일에 대해 들었다. 그녀는 또한 8개 다국적 연합 거버넌스 팀과 정치적 연결고리 역할을 하면서 고위험 협상에 대해 알게 된 지식이 있다. 나는 줄스와 그녀가 깨달은 바에 관해 이야기했다.

"우리가 진정으로 당사자의 상황을 이해할 수 있다면 도움이 됩니다. 의견을 중재하면서 견해를 좁히기 위해 누군가 노력한다면 무엇을 생각하고, 왜 그렇게 생각하는지, 그리고 현재의 결론을 어떻게 내렸는지에 대한 배경을 이해하는 것이 중요합니다. 무엇보다 당사자들의 의견 차가 얼마나 큰지를 이해해야 합니다."

나는 줄스가 단계를 밟아가는 동안 조급한 행동을 피하고자 한다는 것을 알 수 있었다. 적극적인 듣기로 공감대와 관계 형성을 시도하는 것이다.

"사고방식이 중요합니다. 협상이 진행되는 상황에 따라 생각의 틀이 달라집니다. 내가 추구하는 사고방식에 따라 행동하는 자신을 떠올리려 노력하세요. 어떤 순간에는 마음을 가라앉히는 문제고 또 다른 순간에는 해결책이 가능하다는 자신감이나 믿음에 관한 문제입니다. 인내심이 중요합니다."

전적으로 동의한다!

일부 사람들은 어느 정도 친분이나 신뢰 관계 또는 사실에 대한 평가가 확립되기 전에 문제 해결을 시도하려는 유혹을 느낄 수 있다. 이것은 경솔한 접근이다.

나는 일하면서 방탄복이 필요하지는 않지만, 첨단 기법을 중심으로 빠른 속도로 일이 진행되고, 성장에 집중하는 조직에서 달성할 목표와 마감에 쫓기는 압력이 한 사람의 인간성에 심각한 영향을 미친다는 것을 잘 안다. 나는 사소한 문제가 불필요하게 확대되는 상황을 긴급사태로 규정했다. 왜냐하면 시간에 쫓기는 고위 관리자가 매번 FBI 식의 단계적 접근을 배제한 채 빠른 엘리베이터 식으로 문제 해결 단계를 단축시키기 때문이었다. 나 역시 조급한 행동을 반복적으로 저지르는 주범이었다. 전에는 단 한 번의 시도로 모든 단계를 다 밟으려고 했다. 권력을 차지한 사람의 독선은 갈등 해결의 현장에서 독가스로 작용할 수 있다.

우리 경험의 한계를 넘어서는 조언을 구하기 위해 도움을 요청하는 것은 종종 독선과 조급한 행동을 피하는 데 도움이 된다. 여러 이해관계자가 협상 중인 상황에서 이는 쓸모가 많다.

I
Don't
Agree

⟵ ⟶

**의견 불일치에서 합의로 가는
5가지 자세**

고전 발레에서는 모든 춤이 시작되고 끝날 때 하는 5가지 기본 자세가 있다.

협상을 발레로 생각해보자. 특별한 사건은 많은 갈등을 겪는 복잡한 춤과 유

사하다. 단체협약을 성사시키려는 모든 시도가 그러하다.

일생에 한 번뿐인 당신의 특별한 제안에 여러 이해관계자의 동의를 끌어내는 것은 힘든 일이다. 특히 그들 모두가 처음 질문할 때 큰 소리로 '아니오'라고 했다면 더욱 그렇다.

　자신의 커리어 역사상 최대의 계약을 이루어내기 직전에 긴장이 고조되면서 협상이 결렬되는 쓰라린 경험을 할 수도 있다. 이미 이해했듯이 아이디어를 떠올리는 것과 사람들이 이를 받아들이게 하는 것은 완전히 다른 차원의 문제다. 더구나 사람들이 자발적으로 돕게 만드는 것은 쉬운 일이 아니다. 결혼식을 앞두고 처녀 혹은 총각 파티를 계획해본 적이 있다면 이를 잘 알 것이다. 모두가 제각각 자기 의견이 있고, 합의에 이르는 것은 무척 어렵다. 언제나 스페인 이비사Ibiza섬으로 가야 한다는 둥 라스베이거스로 가야 한다는 둥 말들이 많다.

　다 함께 노력하는데 누군가 아니라고 말하는 순간 전체 프로젝트가 위태로워질 때가 많다. 만약 모든 사람을 테이블 주위로 다시 불러모으려고 했지만 헛된 희망만 보여주고 말았다면 이번 장에서 많은 영감을 얻을 수 있기를 바란다.

이번 단계는 자신과 거리 두기 같은 일부 검증된 심리학적 접근을 포함한다. 이는 협상에서 손실 회피 성향을 유리하게 바꾸는 방법이다. 어떤 제안에 대해서든 여러 이해당사자가 전반적으로 의견이 불일치할 때 합의 쪽으로 기울 수 있게 도와준다. 국가 간의 평화를 위해 소송을 제기하든, 이사회에서 임금 인상으로 씨름하든, 가족 간 논쟁을 해결하기 위해 중재하든 이를 적용할 수 있다.

내가 지금 공개하려는 사건은 이 모든 예시보다 중요한 문제는 아니지만 그 특이한 성격과 관련된 위험 때문에 모든 당사자를 합의로 이끄는 것이 쉽지 않았다.

그 일은 뜨겁게 달궈진 분위기에서 시작됐다.

어떻게 반대를 찬성으로 바꿀 것인가?

2007년 나는 독특한 홍보 아이디어를 디즈니에 성공적으로 선보인 후 로스앤젤레스에서 비행기를 타고 돌아왔다. 내가 운영하는 사업은 광고 분야에서 명성을 얻었다. 앞서 허드슨강에 떠다니는

X-men 훈련 아카데미를 만들기 위해 미 해군 항공모함을 이용하거나, 유네스코 세계문화유산인 세르네 아바스 자이언트 옆의 도세트(북미 북극 지역의 중부 및 동부 지방에서 2세기부터 11세기에 걸쳐 번영했던 에스키모 문화-옮긴이)의 풍광을 배경으로 바지를 입은 200피트 높이의 호머 심슨을 그려넣는 등의 캠페인을 벌였다.

우리는 홀로그래픽 기술을 사용하여 모든 사람이 좋아하는 엉뚱한 아빠 캐릭터인 호머 심슨이 그의 창조주 맷 그레이닝과 샌디에이고 코믹콘San Diego Comic-Con 행사에 모인 6천 명의 청중 앞에서 연설하게 하고, 크레인이나 비행기, 헬리콥터에서 주인공들을 내동댕이치기도 했다. 또 캐릭터를 5만 볼트의 전기에 연결하여 손가락 끝에서 번개가 뻗어 나오게 했다. 굿우드 페스티벌에서 180mph의 속도로 트랙을 달리는 달팽이를 만들었다(터보라고 불리는 고속 연체동물이 주인공으로 나오는 영화를 출시하기 위해서). 심지어 지구 온난화 때문에 해수면이 계속 상승하면 어떤 일이 벌어질지 알리기 위해 런던 수족관의 상어 탱크에서 수중 TV 만찬을 열기도 했다.

모두 홍보 방송을 위한 목적이었다.

픽사 애니메이션 〈업Up〉을 봤다면, 줄거리를 알 것이다. 팔순의 열기구 판매원이 아내의 죽음을 애도한다. 그들이 함께 살던 집은 새로운 개발 때문에 불도저로 사라질 위기에 처했다. 그녀의 기억을 보존하고, 소년 시절의 꿈을 실현하고, 소중한 집을 구하기 위해 그는 수천 개의 헬륨 풍선을 지붕에 묶어 남아메리카 하늘 위로 날린다.

이처럼 우리의 제안 또한 현실에서 환상적인 여행을 만들어내는 것이었다. 영화 속 날아가는 집처럼 보이는 움직이는 열기구를 만들어 이를 타고 알프스 위를 날 수 있을 만큼 용감한 조종사를 찾아야 했다. 그런 다음 파리 디즈니랜드의 잠자는 숲속의 미녀가 사는 성 너머의 길을 따라가서 베를린에 있는 독일 연방의회 밖에 착륙한다. 그리고 화려한 피날레를 위해 런던으로 가서 타워브리지의 열린 공간을 통해 전 세계 언론 앞으로 날아가는 것이다.

약간 정신 나간 짓처럼 보일 수 있다.

타워브리지에 있는 누군가에게 전화를 걸어 열기구에 묶인 하늘을 나는 집을 통과시키기 위해 다리를 열어달라고 물어본다고 상상해보라. 전화가 끊기고도 한참 뒤까지 비웃는 소리가 귓전에 메아리칠 것이다.

하지만 누군가는 전화를 걸어야만 한다. 공공의 공간에서 이루어지기 때문에 예를 들어 세계에서 가장 붐비는 다리 중 하나를 일시적으로 폐쇄해달라고 하거나 연관된 지역 당국과 기업 및 지역 단체로부터 허가를 받아야 한다. 유별난 우리의 제안을 듣고 많은 이들이 곤혹스러워했다. 어떤 사람들은 경솔한 짓으로 볼 수도 있었다. 대부분 지역 당국은 처음 우리가 그 아이디어를 꺼냈을 때 생각해보지도 않고 무시해버렸다.

이런 과정을 거치면서 우리는 관료주의의 장벽을 뚫고 다양한 이해당사자들의 의견 불일치를 조율해서 하나의 의견으로 모아가는 기술을 끌어 올릴 수 있었다. 그렇다, 마침내 그들은 우리가 계획을 달성할 수 있도록 도왔다.

더 큰 목적을 이루기 위해 이런 기술로 무엇을 할 수 있는지 상상해보자. 갈등 해결은 대개 집단이 관련되어 있다. 모든 당사자에게서 동의를 얻으려면 강철 같은 내면이 뒷받침된 아주 섬세한 외부 행위가 필요하다. 발레리나의 몸짓처럼. 사람들은 그런 노력을 미처 알아채지 못한다.

고전 발레에서는 모든 춤이 시작되고 끝날 때 하는 5가지 기본 자세가 있다. 협상을 발레로 생각한다면 그렇게 많은 상상력이 필요하지 않다. 이런 특별한 사건은 많은 갈등을 겪는 복잡한 춤과 유사하다. 단체협약을 성사시키려는 모든 시도가 그러하다. 좀 더 세부적으로 나와 비슷한 조건에서 목적지에 도달하는 데 필요한 조치가 무엇인지 살펴보자.

1. 누가 반대할지 찾아내기

동의하지 않는 사람이 단 한 명뿐일 때도 상호 합의된 결정에 도달하는 것은 어려운 일이다. 이해관계자가 많을 때 목표로 삼은 결정에 저항하는 힘은 10배로 증가한다.

그 지점이 우리의 출발선이다. 집단적 동의에 도달하려면 먼저 아니라고 대답할 사람들이 누구인지 목록 작성이 필요하다. 그러기 위해서는 사전 조사와 약간의 상상력이 필요하다. 대개 누가 잠재적인 반대론자가 될지는 분명하게 드러나지 않는다.

타워브리지를 통과해 열기구를 날리는 과정에서 우리가 동의를 얻어야 할 사람들의 목록은 꽤 길었다.

- 랜드마크인 타워브리지의 관할권은 시티오브런던 코퍼레이션에 있었다. 다리는 그들의 주요 자산 중 하나였다.
- 교량 운영과 관련된 모든 결정은 교량 관리자로 알려진 사람과 협의하여 이루어졌다.
- 다리가 위치한 램버스 자치구와도 협의가 필요했다.
- 이러한 이해관계자들은 런던 항만청의 승인 없이는 어떤 허가도 내줄 수 없다는 사실이 밝혀졌다. 그 기관은 수상 교통의 움직임을 포함하여 템스강의 조수 흐름과 관계된 모든 사항을 통제했다.
- 영국 국립 구명보트협회의 템스강 구명보트 기지는 안전사항에 관한 대책을 요구했다.
- 열기구는 항공기로 분류된다. 그래서 민간항공 당국의 허가가 필요했다.

잠재적 반대자 집합이 상당히 많았지만, 전체 캠페인 관점에서 보면 작은 부분일 뿐이었다. 모든 노력의 과정에서 물거품이 될 뻔한 위험이 많았다. 이해당사자 중 한 명이 반대하는 것은 언제든 발생할 수 있는 일이다. 그것이 모든 것을 무너뜨리는 도미노 효과로 발전할 수도 있다.

이런 일이 발생할 위험을 최소화하는 방법이 있다.

2. 반대하는 이유 밝혀내기

사람들이 우리 제안에 반대하는 까닭은 토론이 시작된 이후에나 알아낼 수 있다. 문제는 일단 협상이 시작되면 서둘러 최종 목표를 밝혀야 하고, 곧바로 관련 논의가 잘 진행되지 않으면 결국 어려운 국면에 부닥칠 수 있다는 것이다. 사람들은 즉시 결정이 내려지지 않으면 설득해내기가 쉽지 않다. 이는 영국이 브뤼셀과 맺은 브렉시트 협상에 내재된 문제의 일부이자 유권자 인식의 흐름에서도 문제가 됐다. 브렉시트의 현실에 관해 나타나는 새로운 정보는 그들이 어떻게 투표할지에 대한 처음의 마음을 바꾸는 데 아무런 역할을 하지 못했다. 나는 누구를 만나든 내가 거절당할 수 있는 이유를 상상하는 생각 연습이 필수 준비 사항임을 깨달았다. 그래서 목록을 만들었다.

이 목록은 내 노력이 성공으로 이어지기 위해 연락해야 할 파트너들을 떠올리게 도와준다. 나는 상상 속에서 그들과 역할을 바꿔보려고 노력한다. 내가 전화를 받는 당사자라면 어떻게 반응할지,

그들의 업무를 내가 한다면 내 제안이 삶에 어떤 영향을 미칠지를 상상한다. 특히 일이 성사되지 못하는 경우에.

심리학에는 '자신과 거리 두기'라는 기술이 있다. 이는 사람들이 과거에 경험한 충격적인 사건을 제3자의 관점에서 검토해 받아들일 수 있도록 돕는다. 연구 결과는 사회적 경험을 자신과 거리 두기 방식으로 반영하는 것이 '자기중심적이지 않은 관점에서 사건을 분해하는 경험'으로 이어진다고 말한다. 이 과정은 통찰력을 얻게 해주고 특히 의견 불일치를 조정하는 데도 도움이 된다. 즉, 좀 더 현명한 판단을 내리게 한다.

어느 정도 자신과 거리 두기를 하는 것은 내가 누군가에게 제안을 발표할 준비를 할 때 관점을 바꾸고 공감하는 마음을 갖게 돕는다. 그렇게 하면 상대방의 입장에 대한 배려가 대화에서 드러나기 때문에 상대방을 설득하는 데 더 많은 시간을 벌어준다. 상대방은 내 접근에 좀 더 수용하는 태도를 보여줄 것이다.

타워브리지와 관련한 이해관계자들의 속내를 알아보기 위해 우리는 그들을 업무에 집중하고 논리적인 사람이라고 상정했다. 그들은 직업상 실무를 준수해야 할 의무가 있었다. 이런 접근은 자기 거리 두기의 본질이다. 나는 그들의 입장에서 내가 내린 결정이 런던 중심부의 일상적 운영을 어떻게 중단시켰는지를 아내인 케이티에게 말하기 위해 집으로 가는 모습을 상상했다. 그녀의 반응은 눈썹을 찡그리는 것에서부터 부드럽게 흐느끼면서 머리를 손으로 감싸쥐는 것까지 다양했다. 편안한 모습은 아니었다. 나는 아내에게 그런 일을 겪게 하고 싶지 않았다.

마침내 이런 창조적인 과정을 통해 이해관계자들이 우리의 제안에 진정으로 우려하는 바를 목록으로 작성했다.

- 열기구가 일직선으로 다리를 통과한다고 어떻게 장담할 수 있을까?
- 만약 풍선이 방향을 틀어서 다리나 물에 부딪히면 어떻게 될까?
- 만약 그날 조수 상황과 날씨가 나쁘다면?
- 이 사건이 다른 모든 템스강의 다리 교통에 어떤 영향을 미칠까?
- 얼마나 오랫동안 강을 막거나 다리를 열어야 할까?
- 만약 템스강과 그 주변에서 생계를 유지하는 사람들이 우리가 이 행사를 허락했다는 것을 안다면 무슨 생각을 할까?
- 이 사건은 선례가 될까? 템스강에서 비슷한 활동을 하기 위한 문의가 쇄도할까?
- 부정적인 뉴스가 많이 나올까?

내부 문서처럼 보이도록 단어를 선택했다는 점을 주목해라. 우리가 아니라 그들의 문서여야 한다. 이는 자신과 거리 두기 방법이다. 3인칭 시점에서 말하고 행동하다 보면 상대방의 관점에서 생각할 수 있게 된다.

확실히 위 질문에 나올 법한 대답들은 많다. 이를 구체적으로 설명하는 것은 이 사례에 특화된 답변들이라 일반적인 사례에는 별 도움이 되지 않는다. 자신의 제안에 어떤 반대를 상상하든, 상대에게 위안을 주기 위해 기꺼이 대응책이나 타협안을 구상하는 것이 매우 중요하다. 이 작업을 여러 번 충분히 연습한 다음 세 번째 단계로 나아간다.

3. 위험에 순위 매기기

잠재적 반대 의견을 평가하는 한 가지 방법은 위험 평가의 관점에서 보는 것이다. 위험 평가자는 작업 환경에서 생명과 신체에 대한 위험을 살펴본다. 위험 발생 가능성을 평가하고 이것이 관련자들에게 미치는 영향의 심각성을 순위로 매겨 곱하는 것이 목표다. 평가자는 위험 등급을 매기기 위해서 이 방법을 사용한다. 허용할 만한 위험인가, 아닌가?

만약 후자라면 평가자는 사고가 발생할 가능성을 줄여 위험 등급을 낮추는 통제 장치를 개발할 수 있다. 위험 평가는 작업 수행 시 안전 프로토콜을 유지하기 위한 참조 문서로 사용된다. 최악의 상황이 발생할 경우, 문서에 빈틈은 없었는지 면밀히 조사하고 관련 대책이 잘 수행되었는지 모든 당사자를 인터뷰할 것이다.

어떤 협상이든 성공 가능성을 같은 방식으로 평가할 수 있다. 타워브리지 열기구 스턴트에 대해 우리가 상상했던 반대에 대해 평가해보자.

예시 1: 바람의 방향과 속도가 최적이 아닐 수 있다. 이는 열기구가 다리와 충돌할 확률이 높다는 것을 의미했다. 프로젝트와 이와 관련된 이해당사자들의 생계에 미치는 영향은 모두 심각함과 재앙 사이에서 등급을 나눌 수 있을 것이다. 이런 위험 수준은 용납될 수 없다. 누구도 내 제안에 동의하기 어려울 것이다. 그리고 이는 예상할 수 있는 반대 중 하나일 뿐이었다.

대안은 브렉시트와 관련된 골치 아픈 문제를 이용하는 것이었다.

예시 2: 아일랜드 섬의 남북 경계가 오래된 적대감을 재점화시킬 가능성이 높았다. EU는 EU에 포함되지 않은 이웃 국가와의 국경선을 요구하기 때문에 자동적으로 엄격한 경계선이 그어질 확률이 높았다. 그리고 이런 경계선의 영향은 아일랜드 사람들에게 재앙으로 다가올 수도 있었다. 이런 위험도 용납될 수 없었다.

2가지 사례에서 모든 대응책을 협상 테이블에 올려야 할 필요가 있었다. 대응책을 찾아내는 것은 창의력이 필요한 일이다. 문제 해결 능력을 기르기 위해 각 문제별 전문가와 상담해야 할 수도 있다. 더 많은 브레인스토밍이 불가피하다.

타워브리지로 돌아가자.

예시 1: 열기구는 바람이 부는 방향으로 이동한다. 대각선으로 부는 강한 바람은 강둑과 평행선을 이루며 비행하는 데 큰 장애가 될 것이다. 결국 다리와 충돌하고 말 것이다. 우리는 분야별 전문가들과 상의하여 바람의 영향을 줄이기 위한 대책을 마련했다. 예를 들어 열기구는 강물 위를 떠다니는 부교 바지선에 밧줄로 고정할 수 있었다.

이 바지선은 브리지가 열리자마자 예인선에 의해 강의 중심을 따라 견인될 예정이었다. 이 시점에서 열기구 조종사는 버너에 불을 붙여 풍선집을 하늘로 띄우지만, 이는 밧줄에 의해 정해진 높이까지만 올라갈 것이다. 그런 다음 예인선은 다리를 통과해 기구를 이동시킬 것이다. 열기구는 비행이 끝나면 다시 갑판 위로 당겨져 착륙할 예정이었다. 이를 결박 비행이라고 불렀다. 이미 시험을 받아 검증된 방법이었다. 홍보 관점에서 갑판으로부터 몇 피트만 떨어져 있어도 동력 비행으로 인정받을 수 있었다. 우리는 타워브리지를 통해 열기구를 날렸다고 세계에 말할 수 있었다.

이를 간단하게 만든 위험 평가표에 정리해보면 다음과 같다.

위험		위험을 줄이기 위한 기존 조절 방안	위험 등급: 발생가능성×심각성 = RR	대응책	대응책을 통한 위험 등급
			L × S = RR		L × S = RR
악천후	타워브리지와의 충돌	없음	3 × 3 = 9	결박 견인	1 × 3 = 3

발생 가능성(L)은 1(낮음)에서 3(높음)까지 기준으로 측정된다. 심각성(S)은 1(안전)에서 3(재앙)까지 수준으로 측정된다. 이 2가지 요소는 위험 등급(RR)을 얻기 위해 곱해진다. 9는 용납될 수 없는 위험 수준이다. 이 예시에서와 같이 위험 등급을 낮추기 위해 대응책을 마련해야 한다. 이 조치는 위험을 허용 가능한 등급인 3까지 낮춘다. 위험 등급이 1~3인 경우 허용 가능하다고 간주될 수 있으며, 4~6인 경우 대응책을 더욱 강화해야 한다. 7~9는 용납할 수 없다.

예시 2: 알다시피 브렉시트는 아일랜드 국경 문제를 해결하기 위해 협상 테이블에 올려진 대응책으론 합의에 도달하지 못했다. 외부에서 들여다보는 이에겐 관련 분야의 전문가에게 적절한 상담이 이뤄졌는지 명확하지가 않다. 내게는 모든 미디어의 논평이 그저 일반적인 지식인에 불과한 정치인들에 의해서 작성되는 것처럼 보였다.

제안된 해결책 중 하나는 소위 첨단 기술을 활용한 보이지 않는 경계선이었다. 정치인들이 그 특정 사항에 대한 논평을 위해 기술 전문가와 상담을 하고 그 내용을 인용했다면 더 신뢰할 수 있었을 것이다. 첫 번째 단계(제안에 동의하지 않는 모든 이해당사자 확인)로 돌아가서 주요 이해당사자 집단의 대표들, 즉 국경 양쪽에 사는 사람들에게서 경계를 어떻게 운용할지에 대한 의견을 들었는지조차도 불분명했다.

이러한 위험 평가 프로세스를 통해 내재된 위험을 완화하는 것은 선견지명이 될 수 있다. 브레인스토밍을 통해 제시된 추정 가능한 반대 의견들이 실제 협상에서 다양한 이해관계자들에 의해 제기될 수 있다. 일반적으로 반대하는 사람들은 전문 지식을 동원해 이러한 요소를 사전에 고려했다는 사실을 알면 한층 안심한다. 상대방으로부터 이런 반응을 받으면 어떤 협상에서든지 합의에 이를 가능성이 커진다.

이 숙제를 한 후에도 최종적인 프러포즈를 하기 전에 해야 할 일이 한 가지 더 있다. 항상 성공하는 것은 아니지만 그 장점을 보면 시도해볼 만한 가치가 있다.

4. 지지해줄 사람을 끌어들이기

거부권을 행사할 힘을 가진 이들을 구분해내기 위해 골머리를 써가며 창조적 사고를 하다 보면 우리 제안을 옹호할 수 있는 영향력 있는 이해당사자를 특정해낼 수도 있다. 만약 지지자 세력이 그들의 명성으로 뒷받침해준다면 반대론자들을 안심시킬 수 있다.

거절할 가능성이 큰 이해관계자들을 끌어들이는 데 도움이 될 만한 신뢰를 가진 사람을 찾고 있다고 해보자. 대부분 사람은 위험을 싫어한다. 노벨경제학상을 수상한 작가이자 심리학자 대니얼 카너먼_{Daniel Kahneman}은 150달러를 버는 희망보다 100달러를 잃는 두려움이 더 강렬하다는 사실을 밝혀냈다. 악사(AXA) 보험회사가 후원한 2012년 연구에 따르면 기업가가 위험 감수자라는 인식은 사실이 아니며 일반 대중보다 더 위험 회피적이라는 사실이 드러났다. 심리학에서 인간은 얻을 수 있는 것보다 잃을 수 있는 것을 마음속에서 더 크게 느낀다고 말한다. 사람들이 막다른 골목이나 나쁜 인간관계에서 잘 벗어나지 못하는 이유이기도 하다. 영향력 있는 지지자를 모집하는 것은 '손해 배척'이라는 강력한 마음을 제어해 목적을 달성하는 데 도움이 될 수 있다.

지지자가 없다면:

'나는 타워브리지를 통과해 열기구를 날리는 데 동의하지 않을

거야. 위험이 너무 커서 반대하는 것이 더 안전해.'

지지자가 있다면:

'잠깐만 기다려, 헬쉬가 참여했어. 함께하지 않는다면 손해 보는 쪽에 설 수도 있어.'

완벽한 지지자를 찾아내는 법:

핵심은 제안서를 다시 검토하여 모든 것이 계획에 따라 이루어진다고 가정할 때 상당한 혜택을 받을 수 있는 사람이나 조직을 찾아 확인하는 것이다.

우리의 타워브리지 제안에서 완벽한 지지자는 런던 시장의 홍보 사무실인 런던 앤 파트너스London & Partners였다. 도시의 경제 성장을 촉진하는 것이 목적인 비영리단체다. 이런 단체는 도시 관리 기관과 연결되어 있고 허가를 구할 때 우리에게 적절한 사람을 소개해줄 수 있었다. 우리는 그들의 목적에 도움이 되는 여러 가지 이유로 우리 제안을 지원해주리라 생각했고 이는 정확히 맞아떨어졌다.

- 우리는 이벤트를 추진하기 위해 지역 사업체를 고용할 것이다.
- 지방 당국에 지불한 모든 허가 관련 수수료는 런던 인프라에 재투자될 수 있다.
- 우리의 홍보 작업을 통해 전 세계에 런던의 랜드마크를 보여줘 관광산업을 활성화하는

데 큰 도움이 될 것이다.

- 런던을 배경으로 사용하려는 세계적 영화 스튜디오를 많이 끌어들일 수 있다.

위 모든 항목에서 관광산업 활성화라는 문구가 확실해 보였다.

지지자에게 필요한 것은 제안을 진행하기 위한 원칙적인 합의다. 약속에 그치는 것이 아니라 행동 의지를 보여줘야 이런 합의는 더 쉽게 얻어질 수 있다. 완전한 합의를 이루어내는 것은 특정 조건을 충족하는 데 달려 있다. 우리 사례에서는 확인된 위험을 완화하는 것이었다. 관건이 되는 동의서를 확보하면 우리 쪽 중요 이해관계자의 이름을 과시할 수 있다. 이는 다시 납득시키기 어려운 사람에게 이용할 수 있는 전략이 된다.

그렇게 우리는 모든 이해관계자와 그들이 우리에게 반대할 수밖에 없는 이유를 파악했다. 우리는 위험을 평가하고 그에 따른 대응책을 개발했다. 지지자를 어디에서 찾아야 할지도 알았고 마침내 우리 제안을 제시할 때가 되었다.

5. 계약 성사시키기

가능한 한 빨리 직접 만나는 것이 중요하다. 사전에 지인이 있거나 소개해줄 수 있는 지지자를 만들었다면 개인 약속을 잡는 것이 훨씬 더 쉽다. 만약 그렇지 않다면 전화로 약속을 잡는 능력에 달려 있다. 이 부분은 내가 어떤 도움을 주기 힘들지만 글이든 말이든 첫 번째 의사를 교환할 때 필요한 자세에 관한 몇 가지 유용한 조언이 있다.

앞서 말했듯이 세부 사항의 일부만 드러내는 온화한 접근 방식이 양 당사자의 마음에 약간의 온정을 키울 수 있다. 누락된 부분은 중요하다. 지식의 공백을 메우기 위해 그 부분에 대한 도움을 구함으로써 이해관계자들이 자신의 전문 지식에 자부심을 느끼게 한다(실제로는 그런 공백이 없다고 하더라도!). 모두가 알다시피 첫인상이 중요하다. 나쁜 인상은 잘 지워지지도 않는다.

우리의 목적은 그들의 호기심을 자극해 긍정적인 행동 중심의 문제 해결 방법으로 제안을 생각해보게 하는 것이다. 내가 제안서에 대해 세세하게 설명하지 않는 이유다. 만약 제안서가 정말로 야심 차다면 모두를 놀라게 할 수도 있다. 관계자들은 우리 제안이 그들의 생계나 지위를 위협할 수 있다는 부정적 결론을 성급히 내리는 경향이 있다. 그런 인상은 되돌리기가 만만치 않다. 세부 사항 중 일부를 숨기고 조언을 구하거나 대화를 끌어내는 쪽으로 이끌어 관계를 발전시킬 시간을 버는 편이 훨씬 더 낫다.

- **사례:** 교량 책임자와 처음 통화했을 때 안전한 통로를 만들기 위해 허용할 수 있는 최대 풍속과 대규모 혹은 일상적이지 않

은 하천 교통량에 대한 규약이 있는지를 물었다. 그는 문제 해결을 위해 긍정적인 자세를 보이며 답했다.

- **사례:** 런던 항만과 처음 통화했을 때, 우리는 조류가 강물의 이동에 미치는 영향과 예인선과 바지선 등을 구할 수 있는 믿을 만한 거래 업체가 있는지를 물었다. 그들 또한 우리가 구한 조언에 긍정적인 반응을 보였다.

위 예시를 포함한 다른 모든 대화에서 우리가 얼마나 열기구를 타고 다리를 통과하고 싶은지를 숨기지 않았다. 대화 중에 이를 어렵지 않게 이야기했다. 정확한 대화 내용을 제공할 수는 없지만, 대화의 틀을 만들어가는 체계는 대략 설명할 수 있다. 대화법과 심리학 측면에서 들여다보면 다음과 같다.

우리는 대단한 기획을 하고 있으며, 이상적으로 이를 실현하기 위해 당신과 파트너가 되고 싶습니다. 당신의 자문이 없다면 불가능할 수도 있습니다. 우리 아이디어를 현실로 끌어내기 위해 당신이 어떤 조언을 해줄 수 있는지 궁금합니다.

윗글에 대한 심리학적 해석:

- 상대방에게 호기심을 불러일으키고 협력적으로 만든다. 아직 확정적 제안은 아니며 모두 밝히지도 않는다(아직은).
- 두 번째 문장은 함께 문제를 해결하기 위해 상대방의 직업적 자부심에 호소한다.
- 세 번째 문장은 상대방을 운전석에 앉힌다. 즉 상대방이 없다면 우리 아이디어가 실현될 수 없다고 표현한다. 이는 그들이 느낄지도 모르는 초기 위협을 상쇄하는 데 도움이 될 것이다. 그들이 언제든지 반대할 수 있다는 사실을 상기시켜준다.

이 시점에서 그들은 아이디어를 들어보겠다고 요구할 수도 있다. 나는 추가적인 전략으로 대응하겠다. 다음과 같다.

> 저는 제 의뢰인에게 전문가들과 상의하여 이 제안의 타당성을 확인해줘야 할 의무가 있습니다.
> 우리는 많은 연구를 했고, 사람들의 우려를 많이 완화시켰다고 생각합니다. 우리에게 안전은 최우선 고려 사항입니다. 하지만 혹시라도 놓친 모든 것을 발견하기 위해 당신이 가진 다른 생각이나 정보를 알려줄 수 있는지 확인하고 싶습니다.

윗글에 대한 심리학적 해석:

- 첫마디가 그 제안과 거리를 두게 한다. 내 생각이 아닌 다른 누군가의 광기일 뿐이다. 나는 무엇이 가능한지 알아볼 수 있는 중간에 끼어 있는 사람이다. 이는 공감을 얻으려는 시도다. 왜냐하면 저들 또한 중간에 끼어 있는 사람들일 수 있기 때문이다. 모두에게 상사가 있는 법이니까.

- 직접적이지 않은 아첨도 있다. 나는 비굴하게 상대방에게 아첨을 떨지 않았다. 내 고객이 전문가를 부르라고 강요했고 나는 그저 전화하고 있을 뿐이다.

- 우리 사이에 온기를 불어넣으려는 나의 시도는 계속되고 있다. 이해당사자들이 실제적이고 준비를 철저히 하는 성향이라는 사실을 인식해 그들에게 가장 어필할 수 있는 소재로 대화를 이끌고 있다. 즉, 우리가 확인한 위험에 대한 대응책과 안전이 중요하다는 사실 등등.

상황이 어떻게 돌아가느냐에 따라 이제는 이 큰 기획을 공개할 수도 있다.

> 저는 우리가 합의에 이르기까지 갈 길이 멀다는 사실을 알고 있으며, 다른 많은 이해관계자와 상담할 수 있다는 사실에 감사합니

다. 제가 말했듯이 이건 정말 큰 아이디어입니다. 하지만 '만약…'이라고 한다면 어떤 부분에 반대 의견이 있으실까요?

놀랄 일이 아닌 것이 엄청난 노력에도 불구하고 여전히 모든 이에게서 거절당할 수 있다. 우리는 분명 타워브리지에 대해 전반적으로 거절을 당했다.

하지만 목표는 왜 거절인지를 모든 이에게서 확인하려고 시도하는 것이다. 이유를 알면 그들이 동의할 수 있는 상황을 역제안할 수도 있다.

시티오브런던 코퍼레이션과 나눈 한 대화에서 그들은 우리가 타워브리지에 충돌할 것이라는 우려를 표현하기 위해 '열기구로 타워브리지를 포장해주는 선물'이라는 그림 같은 문구를 사용했다. 그때 우리는 다음과 같이 대응할 수 있었다.

그래서 풍속과 풍향이 주된 장애물이라면, 만약 그날 기상 상황이 좋지 않을 때 모든 행사를 중단하기로 한다면 걱정을 날릴 수 있겠습니까?
아니면, 우리는 민간항공 당국과 협의했고 그들은 우리에게 풍선을 바지선에 묶을 것을 권고했습니다. 이는 결박 비행으로 알려진 방식입니다. 이미 기구 세계에서는 빈번하게 행해지는 안전한 절차입니다. 그런 다음 바지선에 묶인 열기구를 예인선으로 끌어 다리를 통과시킵니다. 바람의 속도와 방향이 주는 영향은 무시할 수 있습니다. 이렇게 한다면 승인해줄 만한 상황인가요? 우리는 런던 항만이 추천하는 최고의 안전한 업체들과 계약을 진행할 것입니다.

윗글에 대한 심리학적 해석:

- 우리는 그들의 우려에 집중해서 대응책을 개발함으로써 순조롭게 일을 진행하려고 시도하고 있다.
- 다른 이해관계자의 조언이 주는 신뢰성은 상대에게 확실한 안도감을 줄 수 있다. 이는 합의를 이끌어내는 데 필요한 다른 중요 조직과 함께 일을 진행하고 있다는 사실을 보여주기 위한 목적도 있다.
- 이와 동시에 우리 제안에 대한 위험 회피 성향을 제어하기 위한 목적이다. 아무런 의견을 표명하지 않던 당사자들이 긍정적으로 생각한다는 신호가 나온다.

마지막으로 9단계에서도 봤듯이, 우리는 적극적인 듣기를 실행하는 데도 익숙해질 것이다. 이를 사용하는 것을 기억해라!

각 이해관계자에게 가장 시급한 문제가 무엇인지 파악하고 협력을 통해 개발한 실질적인 솔루션으로 안도감을 제공함으로써 모든 사람을 부정적인 태도에서 긍정적인 태도로 이끌 수 있다.

이 사례에서 증명된 바와 같이 2009년 10월 2일 초 템스강의 수위는 최고조에 달했다. 나는 핵심 협력자인 에밀리 맨서, 조 윈스터와 함께 바지선 갑판 위에 서 있었다. 앞쪽에서 예인선은 투광등이 켜진 타워브리지 쪽으로 방향을 틀었고, 뒤쪽에는 우리보다 90피트 위쪽으로 떠오른 열기구가 있었다.

조종사 앤드류 홀리는 이미 기구에 올라 있었다. 그는 다양한 색깔의 풍선에 바람을 넣기 위해 버너에 연결된 줄을 잡아당겼고 영화 〈업〉에 나오는 하늘을 나는 집과 똑같은 모습의 풍선 조형물이 모습을 드러냈다. 새벽하늘을 배경으로 한 진기한 볼거리였다. 우리는 기구를 그리니치 상류로 이끌었다. 강풍이 우리를 계속해서 괴롭혔다.

타워브리지가 장엄하게 위로 올라가는 동안 예인선 선장은 바지선이 물살에 떠내려가지 않도록 엔진을 최대 출력으로 가동해야만 했다.

그런 다음 다리 위에서 깃발 2개가 펄럭였다. 좋은 소식은 아니었다. 그 깃발들은 20노트의 풍속을 받아야 펼쳐지게 되어 있었다. 강 이용자들에게 통과가 어렵다고 경고하는 역할을 했다. 우리는 더 낮은 풍속에도 비행을 중단하기로 합의했었다. 이는 위험 평가에 따라 준비한 대응책 중 하나였다. 교량 관리자가 무전기로 연락을 해왔다. 나는 시간을 좀 더 달라고 홍정했다. 우리는 강 가운데서 대기하고 있었고, 조종사는 풍선에서 밧줄을 타고 갑판 위로 내려오게 했다. 만조는 곧 다시 빠져나가기 시작했다. 우리는 함께 움직여야 할 것이다. 그러더니 깃발 2개가 내려갔다. 나는 교량 관리자의 말이 떠올랐다. "다리는 당신들 것입니다. 나중에 사진이나 보내주세요." 그 사진은 《가디언》지에 두 페이지에 걸쳐 실렸고 전 세계 뉴스에 나왔다.

다수 이해관계자와의 협상

모든 협상을 복잡한 안무로 짜인 공연으로 볼 수도 있다. 모든 협상자는 상대의 의견과 전문 지식에 적응하기 위해 유연한 사고방식을 유지하려고 노력해야 하지만, 나는 자유롭게 전개되는 의견교환과 맞교환보다는 이런 협상을 관통하는 더 고정된 경로, 즉 하나의 틀이 있다고 생각한다.

나는 이 틀이 5가지 기본 동작으로 이루어졌다고 본다. 안무는 정해진 패턴으로 리허설을 하는 것이며 주요 공연자들에게는 약간의 자유가 허용된다. 내 경우에 이는 어떤 협상과 갈등 해결을 위한 시도를 설명할 수 있는 완벽한 비유다. 위치를 잡아라!

5가지 기본 위치

1. 거부권을 행사할 수 있는 포괄적인 이해관계자들을 확인하고 목록을 만든다.

2. 상대방의 관점을 취한다(자신과 거리 두기). 자신의 제안이 그들의 생계에 어떤 영향을 미칠지와 그에 따라 그들의 삶에 일어나는 변화를 이해하려고 한다. 그들과 접촉하기 전에 상대방의 입장을 이해해보면 어떤 반대 의견이 나올지 확인하는 데 도움이 된다.

3. 위험 평가 방법론을 사용해 프로젝트와 이해관계자의 생계에 미치는 영향의 심각성을 기준으로 반대를 평가해보라. 예측한 위험을 감소시킬 수 있는 대응책을 개발하라.

4. 내 주장을 뒷받침할 지지자를 식별해서 모집하고 적합한 사람을 만나 자신을 소개하라. 프로젝트가 성사됐을 때 상당한 이익을 얻을 수 있는 이들이 최상의 타깃이지만 우선 신뢰할 수 있는 대상이어야 한다. 만약 일이 잘못되면 다른 이해관계자와 함께 그들의 명성에 타격을 입힐 수 있기 때문이다.

5. 제안서를 모두 공개하지 마라. 목표를 달성하는 데 도움이 되도록 각 이해관계자에게 조언을 구하고 그들의 반대 의견을 수렴하여 관계를 발전시킬 수 있는 시간을 벌어야 한다. 그들의 우려를 해결할 수 있는 방법으로 미리 마련한 대응책을 원만하게 제시하라. 그러면 동시에 모두가 함께 앞으로 나아갈 수 있다.

갈등을 막는 무기

사람들을 자신의 관점으로 끌어들이는 데 성공하려면 또는 자신의 입장에 근접하게 하려면 내부 작업이 필요하다. 그것이 이 책을 쓰면서 얻은 가장 큰 교훈이다.

이런 말을 들어봤을 것이다. "텐트 밖에서 안쪽으로 오줌을 싸는 것보다는 안쪽에서 밖으로 싸게 하는 것이 더 낫지 않겠어." 1971년 《뉴욕타임스》가 미국 36대 대통령 린든 존슨Lyndon Johnson이 FBI 설립자 에드거 후버John Edgar Hoover를 표현한 말이라며 인용 보도했다(에드거 후버는 역대 대통령의 약점을 비밀 정보로 수집하여 협박함으로써 48년간 FBI 국장으로 장기 집권할 수 있었다. 그래서 텐트 안에 붙잡아두는 것이 그나마 안전하지 않겠냐는 의미다-옮긴이).

이 말을 다른 방식으로 인용해보자. 만약 의견 불일치를 텐트에 비유하자면, 우리 중 많은 사람이 바깥에 서서 펄럭이는 텐트 입구에 대고 소리를 지르고 있는 격이다. 궁극적으로 이는 헛수고다. 큰 소리로 반대를 외쳐도 그저 긴장감을 해소하는 카타르시스를 얻을 뿐이다.

동의하지 않는 사람들을 적극적으로 찾아내서 텐트 안으로 데려가 상대방의 관점에서 문제를 바라보면서 대화를 시작하는 것이 더 낫다. 아니면 그들의 관점에서 모든 것을 바라볼 수는 없더라도 최소한 곁눈질이라도 해보자. 처음 의사를 교환할 때는 약간의 예의가 필요하거나 아니면 조금이라도 존중을 보이는 것이 필요하다. 이것은 상대방 의견이 마음에 들지 않는다고 소리를 지르기보다 더 어려운 일이다. 또 소셜미디어에서 의견이 다른 사람에게 악플을 다는 것(디지털 방식으로 오줌을 싸는 짓일 뿐이다)보다 더 수고스러운 일이다.

위험은 존재한다. 진정으로 반대편의 관점을 고려하고, 더 넓은 관점을 취하려는 행위에는 위험이 따른다. 개인적 신념, 필요, 욕망을 거슬러야 할 수도 있다. 자신을 반대편에 더 가깝게 위치시킬지도 모른다. 환영한다. 이제 중간 지대에 진입했다. 입장하는 데 여권이 필요하지는 않다. 그저 마음을 열어라. 이제 갈등을 해결할 수도 있다. 행동으로 옮겨보자.

잘못 실행했다면 확실하게 하기 위해 자신을 좀 닦달해라(완벽은 쉽게 이뤄지지 않는다). 하지만 자신이 이미 여덟 살이 되기 전에

89,000번의 싸움을 했다는 사실을 기억해라. 적대감이 뼛속까지 지배하고 있을지도 모른다. 나 역시 그렇게 많이 싸웠지만 싸움에는 소질이 없다. 그렇다고 분명 갈등 해결 전문가도 아니다. 내가 그렇게 보이지 않았기를 바란다. 개인적 꿈이 있다면 갈등을 잘못 받아들이는 횟수보다는 잘 해결하는 횟수가 더 많기를 바랄 뿐이다. 51퍼센트의 갈등이 더 나아질 것이다.

이 책이 독자에게 갈등이라는 미사일 발사를 막을 수 있는 무기를 제공할 수 있었다면 더할 나위 없겠다. 그리고 다른 사람들의 미사일 발사 역시 막는 데 도움이 되었기를 바란다.

행운을 빈다, 병사들이여. 이제 휴전이 시작된다.

참고문헌

1단계

— Perozynski, Lisa and Kramer, Laurie. (1999). 'Parental Beliefs About Managing Sibling Conflict'. *Developmental psychology. 35. 489–99. 10.1037//0012-1649.35.2.489.*

— Kramer, Laurie; Perozynski, Lisa and Chung, Tsai-Yen. (1999). 'Parental Responses to Sibling Conflict: The Effects of Development and Parent Gender'. *Child Development. 70. 1401-14. 10.1111/1467-8624.00102.*

— Kramer, Laurie and Conger, Katherine. (2009). 'What We Learn from Our Sisters and Brothers: For Better or for Worse'. *New directions for child and adolescent development. 2009. 1-12.10.1002/cd.253.*

— Kramer, Laurie. (2010). 'The Essential Ingredients of Successful Sibling Relationships: An Emerging Framework for Advancing Theory and Practice'. *Child Development Perspectives. 4. 80–86. 10.1111/j.1750-8606.2010.00122.x.*

— Kramer, Laurie. (2014). 'Learning Emotional Understanding and Emotion Regulation Through Sibling Interaction'. *Early Education and Development. 25. 160–184. 10.1080/10409289.2014.838824.*

— Kramer, Laurie; Conger, Katherine; Rogers, Christina and Ravindran, Niyantri. (2019). 'Siblings'. *10.1037/0000099-029.*

— Kluger, Jeffrey. *The Sibling Effect: What the Bonds Among Brothers and Sisters Reveal About Us*. Penguin Publishing Group, 2011.

— Ross Hildy; Martin Jacqueline; Perlman, Michal; Smith Melissa; Blackmore, Elizabeth and Hunter, Jodie. (2006). 'Autonomy and Authority in the Resolution of Sibling Disputes'. *New Directions for Child and Adolescent Development. 1996. 71–90. 10.1002/cd.23219967307.*

— Gladwell, M. (2008). *Outliers: The Story of Success*. Little, Brown and Company.

— Raffaelli, Marcela. (1997). 'Young Adolescents' Conflicts with Siblings and Friends'. *Journal of Youth and Adolescence. 26. 539–558. 10.1023/A:1024529921987.*

— Howe, N. and Rinaldi, C. (1998). 'Siblings' Reports of Conflict and the Quality of Their Relationships'. *Merrill-Palmer Quarterly,v44 i3, p404.*

— Siddiqui, A., and Ross, H. (1999). 'How Do Sibling Conflicts End?' *Early Education and Development, 10, 315–332.*

— Ross, Hildy; Ross, Michael; Stein, Nancy and Trabasso, Tom. (2006). 'How Siblings Resolve Their Conflicts: The Importance of First Offers, Planning, and Limited Opposition'. *Child Development.77. 1730–45. 10.1111/j.1467-8624.2006.00970.x.*

— Bank, S. P. and Kahn, M. D. (1982). *The Sibling Bond* (Basic Behavioral Science). Basic Books.

— Stepp, G. (2011). 'My Brother's Keeper: From Sibling Violence to Brotherly Love'. Retrieved from www.vision.org/parenting-normal-sibling-conflict-vs-abusive-behavior-1003

— Vorauer, Jacquie and Claude, S. D. (1998). 'Perceived Versus Actual Transparency of Goals in Negotiation'. *Personality and Social Psychology Bulletin. 24. 371–385. 10.1177/0146167298244004.*

2단계

— Darwin, Charles. *Origin of Species or the Means of Natural Selection.* London, John Murray Publishing, 1859.

— Sulloway. F. J. (1996). *Born to Rebel: Birth Order, Family Dynamics and Creative Lives.* Random House Value Publishing.

— Maitland. (2015). 'The Values Most Valued by UK plc'. Retrieved from www.maitland.co.uk/insights/article/the-values-most-valued-by-uk-plc/.

— 'Strategy | Volkswagen Group'. Volkswagen AG, Feb. 2019, www.volkswagenag.com/en/group/strategy.html.

— 'IBM Global C-Suite Study'. IBM, IBM, Apr. 2012, www.ibm.com/thought-leadership/institute-business-value/c-suite-study.

3단계

— Fawcett, Stanley; McCarter, Matthew; Fawcett, Amydee; Webb, G and Magnan, Gregory. (2015). 'Why Supply Chain Collaboration Fails: The Socio-structural View of Resistance to Relational Strategies'. *Supply Chain Management: An International Journal. 20. 648–663. 10.1108/SCM-08-2015-0331.*

— Gawande, Atul. *Checklist Manifesto.* Picador Paper, 2011.

— 'The History of Specialization in Medicine'. Shortform Blog, Dec.2019, www. shortform.com/blog/specialization-in-medicine.

4단계

— Sznycer, Daniel; Xygalatas, Dimitris; Alami, Sarah; An, Xiao-Fen; Ananyeva, Kristina; Fukushima, Shintaro; Hitokoto, Hidefumi; Kharitonov, Alexander; Koster, Jeremy; Onyishi, Charity; Onyishi, Ike; Romero, Pedro; Takemura, Kosuke; Zhuang, Jin-Ying; Cosmides, Leda and Tooby, John. (2018). 'Invariances in the Architecture of Pride Across Small-scale Societies'. *Proceedings of the National Academy of Sciences. 115. 201808418. 10.1073/pnas.1808418115.*

— Henrich, Joseph. (2017). *The Secret of Our Success: How Culture Is Driving Human Evolution, Domesticating Our Species, and Making Us Smarter.* Princeton University Press.

— Isaacson. W. (2011). *Steve Jobs.* Simon and Schuster.

— Sznycer, Daniel; Al-Shawaf, Laith; Bereby-Meyer, Yoella; Curry, Oliver; Smet, Delphine; Ermer, Elsa; Kim, Sangin; Kim, Sunhwa; Li, Norman; Seal, Maria; McClung, Jennifer; O, Jiaqing; Ohtsubo, Yohsuke; Quillien, Tadeg; Schaub, Max; Sell, Aaron; van Leeuwen, Florian; Cosmides, Leda and Tooby, John. (2017). 'Cross-cultural Regularities in the Cognitive Architecture of Pride'. *Proceedings of the National Academy of Sciences of the United States of America. 114. 201614389. 10.1073/pnas.1614389114.*

— Yeung, Edward & Shen, Winny. (2019). 'Can Pride be a Vice and Virtue at Work? Associations between Authentic and Hubristic Pride and Leadership Behaviors'. *Journal of Organizational Behavior. 10.1002/job.2352.*

—Tracy, Jessica & Robins, Richard. (2007). 'The Psychological Structure of Pride: A Tale of Two Facets'. *Journal of Personality and Social Psychology. 92. 506–25. 10.1037/0022-3514.92.3.506.*

—Tracy, Jessica; Cheng, Joey; Robins, Richard and Trzesniewski, Kali. (2009). 'Authentic and Hubristic Pride: The Affective Core of Self-Esteem and Narcissism'. *Self and Identity. 8. 196–213. 10.1080/15298860802505053.*

—Cheng, Joey & Tracy, Jessica & Henrich, Joseph. (2010). 'Pride, Personality, and the Evolutionary Foundations of Human Social Status'. *Evolution and Human Behavior. 31. 10.1016/j.evolhumbehav.2010.02.004.*

—Hogg, Michael. (2001). 'A Social Identity Theory of Leadership'. *Personality and Social Psychology Review. 5. 10.1207/S15327957PSPR0503_1.*

5단계

— Zenger Folkman. 'Why Women Are More Effective Leaders Than Men'. Business Insider, 28 Jan. 2014, www.businessinsider.com/study-women-are-better-leaders-2014-1?r=US&IR=T.

—Lee, Joohyung and Harley, Vincent. (2012). 'The Male Fight-flight Response: A Result of SRY Regulation of Catecholamines?'. *BioEssays: news and reviews in molecular, cellular and developmental biology. 34. 454–7. 10.1002/bies.201100159.*

—Cannon W. B. *Bodily Changes in Pain, Hunger, Fear and Rage.* New York, NY: D. Appleton & Company; 1915.

—Taylor, Shelley; Klein, Laura; Lewis, Brian; Gruenewald, Tara; Gurung, Regan and Updegraff, John. (2000). 'Biobehavioral Responses to Stress in Females: Tend-and-Befriend, Not Fight-or-Flight'. *Psychological review. 107. 411–29. 10.1037/0033-295X.107.3.411.*

— 'Entrepreneurs Aren't Quite What They Seem, Claim Barclays and the University of Cambridge - Elite Business Magazine'. *Elite Business Magazine,* June 2015, elitebusinessmagazine.co.uk/people/item/entrepreneurs-aren-t-quite-what-they-seem-claim-barclaysand-the-university-of-cambridge.

—UN Women. (2019). 'Facts and figures: Leadership and Political Participation'.

Retrieved from www.unwomen.org/en/what-wedo/leadership-and-political-participation/facts-and-figures.

— Keith, Elise. '55 Million: A Fresh Look at the Number, Effectiveness, and Cost of Meetings in the U.S'. *Lucid Meetings Blog,* Dec. 2015, blog.lucidmeetings.com/blog/fresh-look-number-effectivenesscost-meetings-in-us.

— Hunt, V.; Layton, D.; Prince, S. and McKinsey. (2015). 'Why Diversity Matters'. Retrieved from www.mckinsey.com/businessfunctions/organization/our-insights/why-diversity-matters.

— 'Revisiting Rwanda Five Years after Record-Breaking Parliamentary Elections.' *UN Women,* Aug. 2018, www.unwomen.org/en/news/stories/2018/8/feature-rwanda-women-in-parliament.

— International average, female representation in Parliaments (March 2020) https://data.ipu.org/women-averages.

— Thomson, Susan. *Rwanda: From Genocide to Precarious Peace.* Yale University Press, 2018.

— Tripp, Aili Mari. *Women and Power in Post Conflict Africa* (Cambridge Studies in Gender and Politics). Cambridge University Press, 2015.

— Abari, Neeknaz. 'Rwanda's Path to Gender Equity-Berkeley Political Review.' *Berkeley Political Review,* 18 Oct. 2017, bpr.berkeley.edu/2017/10/18/rwandas-path-to-gender-equity.

6단계

— 'Mental Health Statistics: Homelessness.' *Mental Health Foundation,* 16 Jan. 2020, www.mentalhealth.org.uk/statistics/mental-healthstatistics-homelessness.

— The world's first mental health drop-in-centre inside a soup kitchen. Retrieved from: www.theguardian.com/society/2019/jul/09/soupkitchen-serves-up-mental-health-support-to-london-homeless and www.bigissue.com/latest/soup-kitchen-offer-worlds-first-mental-health-drop-centre/

— Crowdfunding campaign: https://chuffed.org/project/soup-savermental-health-action

— Darwin, C. R. 1872. *The Expression of the Emotions in Man and Animals.*

London: John Murray. 1st edition.

— 'Six Basic Emotions'. *ManagementMania*, 21 Jan. 2016, managementmania. com/en/six-basic-emotions.

— Scherer, Klaus. (1982). 'The Nature and Function of Emotion'. *Social Science Information Sur Les Sciences Sociales. 21. 507–509. 10.1177/053901882021004001.*

— Ekman, P.; Liebert, R.M.; Friesen, W.V.; Harrison, R.; Zlatchin, C. and Malmstrom, E.J. (1972). 'Facial Expressions of Emotion While Watching Televised Violence as Predictors of Subsequent Aggression'. 22 – 58.

— Ekman, Paul; Liebert, Robert and Friesen, Wallace. (1974). 'Facial Expression of Emotion While Watching Television Violence'. *The Western Journal of Medicine. 120. 310–1.*

— Matsumoto, David; Takeuchi, Sachiko; Andajani, Sari; Kouznetsova,Natalia and Krupp, Deborah. (1998). 'The Contribution of Individualism vs. Collectivism to Cross-national Differences in Display Rules'. *Asian Journal of Social Psychology. 1. 147–165. 10.1111/1467-839X.00010.*

— Jack, Rachael; Garrod, Oliver; Yu, Hui; Caldara, Roberto and Schyns, Philippe. (2012). 'Facial Expressions of Emotion Are Not Culturally Universal'. *Proceedings of the National Academy of Sciences of the United States of America. 109. 7241–4. 10.1073/pnas.1200155109.*

— Brosschot, Jos & Pieper, Suzanne & Thayer, Julian. (2005). 'Expanding Stress Theory: Prolonged Activation and Perseverative Cognition'. *Psychoneuroendocrinology. 30. 1043–9. 10.1016/j.psyneuen.2005.04.008.*

— 'Nobel Prizes 2019.' NobelPrize.org, Dec. 1936, www.nobelprize.org/prizes/ medicine/1936/loewi/lecture.

— Couck, Marijke; Caers, Ralf; Musch, Liza; Fliegauf, Johanna; Giangreco, Antonio and Gidron, Yori. (2019). 'How Breathing Can Help You Make Better Decisions: Two Studies on the Effects of Breathing Patterns on Heart Rate Variability and Decision-making in Business Cases'. *International Journal of Psychophysiology. 139. 10.1016/j.ijpsycho.2019.02.011.*

— 'Articles by Christopher Bergland | Psychology Today Journalist'. *Muck Rack*, June 2019, muckrack.com/christopherbergland/articles.

7단계

— Huntington, Samuel. *The Clash of Civilizations and the Remaking of World Order.* Simon & Schuster, 1996.

— 'Lecture IV: The Myth of Universality: The Geopolitics of Human Rights'. *World Scientific,* May 2016, www.worldscientific.com/doi/10.1142/9789813202016_0004.

— '68% of the World Population Projected to Live in Urban Areas by 2050, Says UN'. *United Nations Department of Economic and Social Affairs,* 16 May 2018, www.un.org/development/desa/en/news/population/2018-revision-of-world-urbanization-prospects.html.

— Triandis, Harry. *Individualism And Collectivism* (New Directions in Social Psychology). 1st ed., Westview Press, 1995.

— Dawkins, Richard. *The Selfish Gene.* First American Edition,Oxford, 1976.

— Imanishi, Kinji. *A Japanese View of Nature (Japan Anthropology Workshop Series).* 1st ed., Routledge, 2002.

— 'Richest 1 Percent Bagged 82 Percent of Wealth Created Last Year – Poorest Half of Humanity Got Nothing'. *Oxfam International,* 25 Apr. 2018, www.oxfam.org/en/press-releases/richest-1-percentbagged-82-percent-wealth-created-last-year-pooresthalf-humanity.

— Ramm, Benjamin. 'The 'War on Drugs' Is a War on Culture and Human Diversity'. *The Ecologist,* 28 Apr. 2016, theecologist.org/2016/apr/28/war-drugs-war-culture-and-human-diversity.

— Fletcher, Tom. *The Naked Diplomat: Understanding Power and Politics in the Digital Age.* HarperCollins Publishers, 2016.

— Hui, C. H. and Triandis, H. C. (1986) 'Individualism–Collectivism: A Study of Cross-Cultural Researchers', *Journal of Cross-Cultural Psychology, 17(2), pp. 225–248. doi: 10.1177/0022002186017002006.*

— 'Confucius'. *Stanford Encyclopedia of Philosophy,* Mar. 2013, plato. stanford. edu/entries/confucius.

— Ronen, Tammie. (1994). 'Imparting Self-Control Skills in the School Setting'. *Child & Family Behavior Therapy. 16. 1–20.10.1300/J019v16n01_01.*

— Lao Tzu. *Tao Te Ching.* Compact, Harper Perennial, 1994.

— Hofstede, Geert. *Culture's Consequences: International Differences in Work-*

Related Values Second Edition, SAGE Publications, 1980.
— 'Labour Party Manifesto 2019'. *The Labour Party*, Oct. 2019, labour.org.uk/manifesto.

8단계

— Tavris, Carol, and Elliot Aronson. *Mistakes Were Made (but Not by Me): Why We Justify Foolish Beliefs, Bad Decisions, and Hurtful Acts.* Houghton Mifflin Harcourt, 2007.

— Hamlin, J Kiley; Mahajan, Neha; Liberman, Zoe and Wynn, Karen. (2013). 'Not Like Me = Bad: Infants Prefer Those Who Harm Dissimilar Others'. *Psychological Science. 24. 10.1177/0956797612457785.*

— Guéguen, Nicolas; Jacob, Céline and Morineau, Thierry. (2010). 'What is in a Name? An Effect of Similarity in Computermediated Communication'. *E-Journal of Applied Psychology. 6.10.7790/ejap.v6i2.179.*

— Gaertner, Samuel and Bickman, Leonard. (1971). 'Effects of Race on the Elicitation of Helping Behavior: The Wrong Number Technique'. *Journal of Personality and Social Psychology. 20. 218-222. 10.1037/h0031681.*

— Harris, Mary and Klingbeil, Dolores. (1976). 'The Effects of Ethnicity of Subject and Accent and Dependency of Confederate on Aggressiveness and Altruism'. *The Journal of Social Psychology. 98.47-53. 10.1080/00224545.1976.9923364.*

— Forman, Tyrone. (2004). 'Color-Blind Racism and Racial Indifference: The Role of Racial Apathy in Facilitating Enduring Inequalities'.

— Fawcett, Christine and Markson, Lori. (2010). 'Children Reason About Shared Preferences'. *Developmental Psychology. 46. 299–309. 10.1037/a0018539.*

— Iyengar, Shanto and Westwood, Sean. (2014). 'Fear and Loathing Across Party Lines: New Evidence on Group Polarization'. *American Journal of Political Science. 59. 10.1111/ajps.12152.*

— Bendersky, Corinne. (2014). 'Resolving Ideological Conflicts by Affirming Opponent's Status: The Tea Party, Obamacare and the 2013 government shutdown'. *Journal of Experimental Social Psychology. 53. 10.1016/j.jesp.2014.03.011.*

— Eschert, Silke and Simon, Bernd. (2019). 'Respect and Political Disagreement: Can Intergroup Respect Reduce the Biased Evaluation of Outgroup Arguments?'. *PLOS ONE. 14. e0211556. 10.1371/journal.pone.0211556.*

9단계

— Shallwani, Pervaiz. 'Life Lessons From the NYPD's Top Hostage Negotiator'. *The Wall Street Journal,* 28 Aug. 2015, www.wsj.com/articles/life-lessons-from-the-nypds-top-hostagenegotiator-1440726792.

— The Chilcot Inquiry: 'The Report of the Iraq Inquiry'. www.gov.uk/government/publications/the-report-of-the-iraq-inquiry.

— Vecchi, Gregory; Hasselt, Vincent and Romano, Stephen. (2005). 'Crisis (Hostage) Negotiation: Current Strategies and Issues in High-risk Conflict Resolution'. *Aggression and Violent Behavior.10. 533–551. 10.1016/j.avb.2004.10.001.*

10단계

— Kross, Ethan; Ayduk, Ozlem and Mischel, Walter. (2005). 'When Asking 'Why' Does Not Hurt Distinguishing Rumination From Reflective Processing of Negative Emotions'. *Psychological Science. 16. 709–15. 10.1111/j.1467-9280.2005.01600.x.*

— Knetsch, Jack and Thaler, Richard. (1991). 'The Endowment Effect, Loss Aversion, and Status Quo Bias'. *Journal of Economic Perspectives. 5. 193–206. 10.1257/jep.5.1.193.*

— Oxfam-Global Warming and Rising Sea Levels-The Copenhagen Climate Change Congress-TV Dinner, The Shark Tank, London Aquarium-Retrieved from https://youtu.be/cnJsV2foIDk

— Homer Simpson and the Cerne Abbas chalk giant; https://www.theguardian.com/film/2007/jul/17/news1

— Tower Bridge-Hot air balloon fly through. Retrieved from https://www.dailymail.co.uk/news/article-1217630/Tower-Bridge-raisedhot-air-balloonpass-time.html

— https://www.telegraph.co.uk/culture/film/film-news/6253834/UPDisney-Pixar-movie-balloons-over-London.html

— The double page spread in the Guardian can be seen here: https://onemichaelbrown.wordpress.com/case-studies/disney-pixar-upmore-than-hot-air/

동의하지 않습니다

초판 1쇄 발행 2022년 8월 12일

지은이 | 마이클 브라운
옮긴이 | 윤동준
펴낸이 | 정광성
펴낸곳 | 알파미디어
출판등록 | 제2018-000063호
주소 | 05387 서울시 강동구 천호옛12길 46, 2층 201호(성내동)
전화 | 02 487 2041
팩스 | 02 488 2040
ISBN | 979-11-91122-37-4 (03320)